歴史文化ライブラリー

300

近世の仏教

華ひらく思想と文化

末木文美士

吉川弘文館

3　目　次

目　次

近世仏教を見なおす——プロローグ

・近世仏教は堕落仏教か

1　近世仏教を見なおす

辻善之助の堕落仏教論

読者は日本の仏教史というと、どのようなイメージを持っているだろうか。まず頭に浮かぶ名前は、親鸞《しんらん》・道元《どうげん》・日蓮《にちれん》などであろう。彼らはしばしば一括して鎌倉新仏教と呼ばれてきた。その新仏教が日本の仏教の輝かしい頂点をなしたが、やがて近世になると、幕府の支配下に置かれて完全に堕落してしまい、それに代わって儒教や国学などの新しい思想が主流となる。——だいたいこんなところがいちばん流布している常識だろう。それは一般の常識というだけでなく、長い間学界を支配してきた見方でもあった。

近世の仏教が堕落仏教だという論は、辻善之助《つじぜんのすけ》（一八七七—一九五五）によって代表される。辻善之助は、日本仏教史を実証的な歴史学の立場からはじめて本格的に研究叙述した研究者で、東京帝国大学教授・史料編纂所長として日本の歴史学界をリードした。辻の『日本仏教史』全十巻（一九四四—五五）は堅実な実証史学の立場からの仏教史の金字塔であり、個人で執筆した日本仏教史として、分量的にもこれを超えるものは出ていない。その構成は、上古篇一冊、中世篇五冊、近世篇四冊からなる。

辻は、『日本仏教史』近世篇之四の最後となる第十七節を「仏教の衰微と僧侶の堕落」と題し、僧侶が金儲けに走り、女犯《にょぼん》に狂うさまをさまざまな史料から詳細に拾い集めている。また、近世篇之三でも第八—十一節にかけて「仏教の形式化」を取り上げ、本末《ほんまつ》制度・寺院僧侶の階級格式・檀家《だんか》制度と宗門改《しゅうもんあらため》・新義異義の禁止の四点を論じている。こうした考察の上に立って、大著全体の「結語」の中で、江戸時代の仏教を次のように総括している。

江戸時代になつて、封建制度の立てらるるに伴ひ、宗教界も亦《また》その型に嵌《はま》り、更に幕府が耶蘇《ヤソ》教禁制の手段として、仏教を利用し、檀家制度を定むるに及んで、仏教は全く形式化した。之と共に本末制度と階級制度とに依つて、仏教はいよいよ形式化した。寺院僧侶の格式は固定し、尊卑の階級煩はしく、元来平民的に起つた各宗派も、甚しく階級観念に囚はれ、僧侶は益々貴族的になり、民心は仏教を離れ、排仏論は凄まじく起つた。仏教は殆ど麻痺状態に陥り、寺院僧侶は惰性に依つて、辛うじて社会上の地位を保つに過ぎなかつた。（近世篇之四、四九三―四九四頁）

もっとも辻は、第十二―十五節では「仏教の復興」を論じており、黄檗《おうばく》の開宗・諸宗の復古・高僧の輩出・寺院の造営を取り上げているので、単純に全面的に堕落とばかり見ているわけではない。しかし、全体の流れとして、「平安時代より室町時代にかけて、寺院は文化の中心となり、僧侶は社会の先覚となつて民衆を率ゐて行つたものである」（同、四九七頁）のに対して、「江戸時代に惰眠《だみん》を貪り、為めに一般社会の進運に伴はなかつた」（同）と、近世の仏教に対して手厳しい。

辻は、中世篇之五でも、第十四節を「室町時代僧侶の堕落」と題し、大衆一揆・女犯酒肉・男色・職位売買・金銭利殖を挙げ、「各宗とも室町時代になつて全盛を極めたのであるが、それは室町時代の中頃から、東山時代に於てその頂点に達したのであつて、東山時代を経て、戦国時代に入つて漸《ようや》く下り坂になるのである」（中世篇之五、三七二頁）としているから、戦国時代頃から近世の堕落につながっていくと見ていることになる。

しかし、すでに院政期には僧侶の戒律が弛緩《しかん》し、門閥化するとともに、南都北嶺の僧兵たちが暴れまわっていたのであるから、それを堕落と言うのであれば、その頃の仏教もまた十分に堕落していたということができる。あえて言えば、いつの時代にも堕落と復興とは表裏の関係で、堕落するからこそそれに対して復興があるはずだ。それなのに、なぜ近世の仏教を取り立てて堕落と言うのであろうか。

辻は、先ほど挙げた「結語」の中で、明治以後の仏教界が江戸時代の旧態のままで、「外の世界に較《くら》ぶれば、少なくとも五六十年は遅れてゐる」（近世篇之四、四九七頁）と厳しく指摘している。辻の長大な『日本仏教史』は、「今や、僧侶は社会の進運からはるかに遅れて、寺院の多くはまさに歴史的遺物に化し去らんとしてゐる。今後果して如何なりゆくべきや、是《ここ》に至つては、たゞに長大息之を久しうするのみである」（同）という慨歎の言葉で結ばれている。

こう見るならば、近世仏教堕落論はじつは近代の仏教の停滞という現実を前にして、それを遡る中から言われてきていることが分かる。中世まで文化の中心であった仏教が、どうして時代から取り残されて過去の遺物と化してしまったのであろうか。その由来を尋ねて、近世の堕落にその淵源を求めようというのである。確かに幕末から明治初年の頃、仏教界が停滞していたことは事実である。しかし、後に見るように、近世初期から中期頃までは仏教の活動はきわめて活発で、決して停滞とか堕落とかいうことはできない。辻自身が、江戸の初期・中期には仏教復興の機運があったことを認め、取り上げている。そうであれば、近世も時期によってかなり違うのであって、一概に近世として一まとめにすることは困難となろう。

近世は儒教の時代か

近世をひとまとめにして仏教堕落の時代とレッテルを貼ってしまった理由は、他にも考えられる。そこに近世は儒教・国学・神道の時代だという暗黙の前提があったからではないだろうか。そもそも、日本の思想は仏教・儒教・国学・神道など、各別に研究されてきて、必ずしもそれらが統合的に考察されていないという問題があった。丸山眞男《まるやままさお》（一九一四―九六）の言葉を借りるならば、

私達の思考や発想の様式をいろいろな要素に分解し、それぞれの系譜を遡るならば、仏教的なもの、儒教的なもの、シャーマニズム的なもの、西欧的なもの――要するに私達の歴史にその足跡を印《しる》したあらゆる思想の断片に行き当るであろう。問題はそれらがみな雑然と同居し、相互の論理的な関係と占めるべき位置とが一向判然としない

ところにある。(丸山、一九六一、八頁)

それらの諸要素を時代に従って縦方向に並べるならば、古代はシャーマニズムなどの文明化以前の宗教、中世は仏教、近世は儒教、近代は西欧思想が主流の時代とされるだろう。近世は、主流である儒教に対して、異端の諸思想が挑んだという構図が描かれる。その図式の中で、仏教は周縁の挿話をなすに過ぎないことになる。

丸山自身が必ずしもその図式から十分に解放されていたとは言えない。丸山が名著『日本政治思想史研究』(一九五二)で提出した近世思想史の展開の図式は、朱子学《しゅし》を近世思想の主流と見て、それに対して挑戦した荻生徂徠《おぎゅうそらい》(一六六六—一七二八)や本居宣長《もとおりのりなが》(一七三〇—一八〇一)に日本独自の近代の可能性を見ようというものであった。丸山によれば、朱子学は天地を貫く宇宙的な原理が人間にも一貫しているものと見ることにより、封建的な社会秩序を決定的なものとして固定化させる前近代的なイデオロギー装置であった。それに対して、自然の秩序と社会秩序を切り離し、後者を人為によるものと考えたところに荻生徂徠の近代性があるというのである。

丸山ははじめて近世思想史をダイナミックな発展として捉え、近代化という大きな時代的な課題と関連させることに成功した。丸山の仕事が日本思想史研究上、決定的な意味を持ったのは、まさしくそのゆえである。しかし、あまりに鮮やか過ぎるその図式が、かえってその後の思想史研究を縛ることになり、それに対する決定的な批判と新しい構図が動き出すまでには、長い時間を要することとなった。

はたして近世思想の大きな流れは、朱子学から徂徠へという儒教の中の変化だけで論じきれるものであろうか。また、朱子学を前近代的なイデオロギーの代表とするならば、それはそれ以前の中世思想とどう関わるのであろうか。丸山自身、仏教について論文や著書で論じることはほとんどなかったが、東京大学における講義録の刊行（丸山、一九九八―二〇〇〇）により、中世仏教に関して強い関心と、独自の見方を持っていたことが知られるようになった。近世以前の思想史に関して、丸山は「原型」という概念を持ち込むことで理解しようとしたが、それは必ずしも成功したとは言えなかった。

こうして思想史の中で近世仏教を捉え返す課題は、大きく言えば二つあることになる。第一に、近世を儒教中心に見る見方が本当に適切であるのかどうか。それを検証するには、従来から儒教との関係である程度思想史の中に組み込まれていた国学や神道ではなく、その枠外と考えられてきた仏教を捉え返すことが必要であろう。第二に、思想史の上で、中世と近世の関係をどう見るか、という問題である。従来の思想史は、仏教中心の中世と、儒教中心の近世とはまったく切断され、両者の関係について十分に問われることはなかった。しかし、それでは思想史は時代ごとに切り離されたばらばらのものになってしまう。中世から近世へという展開を流れとして把握しようとするには、両者の間で連続している仏教を大きな手がかりとするのが適当であろう。このように、思想史としての近世仏教の考察の重要性は、きわめて大きいものがある。

・新しい近世仏教像へ

柳宗悦と中村元の近世仏教評価

じつは、すでに戦前にも近世仏教を堕落としてでなく、高く評価する見方がないわけでもなかった。民芸運動を主唱し、民衆の文化を新しい視点から発掘した柳宗悦《やなぎむねよし》（一八八九―一九六一）は、その一人である。

仏教の時代をあの伽藍で描くことは間違っている。あの学僧の教養で判じることも間違っている。宗教というからには信心で測らねばならぬ。その篤心の前に学問が何の力を有《も》とうや。その篤信な時代を省みるなら私たちは徳川時代に帰らねばならぬ。信仰は道場を越えて町に入ったからである。（「徳川時代の仏教を想う」、寿岳編、一九九一、

三七頁。初出は一九三三)

柳はまた、徳川時代こそ「仏教が純日本の仏教として栄えたのはこの時代である」(同、四一頁)とも指摘している。このように、柳によれば近世仏教は堕落どころか、日本仏教史上最高の時代ということになる。鈴木大拙《すずきだいせつ》と並んで妙好人《みょうこうにん》の発見者である柳は、民衆への定着という観点から近世仏教を評価した点で、近年の研究を先取りするものであるが、残念なことに、その見方は当時大きな影響力を持つことがなかった。

戦後になって、丸山の図式に対して、いち早く近世仏教の近代的性格を主張したのが中《なか》村元《むらはじめ》(一九一二―九九)であった。中村はインド哲学から比較思想まで広くカバーした思想史研究者であったが、『近世日本の批判的精神』(一九六五。もとになる著作は一九四九)、『日本宗教の近代性』(一九六四)などにおいて、鈴木正三《すずきしょうさん》(一五七九―一六五五)の職業倫理や富永仲基《とみながなかもと》の批判的仏教研究、あるいは民衆仏教の動向などが、きわめて近代的な性格を持っていることを明らかにした。

中村はマックス・ウェーバーの近代化論の影響を受け、西欧の近代化に決定的な役割を果たしたプロテスタンティズムに該当するものを日本の仏教に求めようとしたが、同じようにウェーバー的な図式に基づいて、より精密な議論を展開したのがロバート・ベラーであった。ベラーは、アメリカのウェーバー研究者で近代社会構造論を展開したタルコット・パーソンズの教えを受け、その影響下に『徳川時代の宗教』（一九五五）において日本近世の社会と宗教の関係を取り上げた。ベラーは必ずしも仏教を大きく取り上げたわけではないが、近世が儒教だけでなく、さまざまな宗教思想が展開していたことを明らかにし、それらがいずれも経済倫理などの点で近代的な要素を持っていたことを主張した。

パラダイムの転換

このように、戦後の近世仏教研究にはウェーバーの近代化論が色濃く影響を与えていたが、一九八〇年代になって、それを乗り越えて、近世思想史を総体として見ようという新しい動向が生まれた。その転機を作ったのはおそらくヘルマン・オームスの『徳川イデオロギー』（一九八五）であっただろう。オームスは江戸時代初期の思想動向を徳川幕府の政治動向と関係させて考察し、初期においては必ずしも儒教のイデオロギー的機能は大きくなかったことを明らかにした。従来の常識では、林羅山《はやしらざん》（一五八三―一六五七）が幕府のお抱え儒者となり、それによって朱子学が幕府の体制イデオロギーとして確立したとされてきた。ところが、じつはそのような歴史像は後世の林家による捏造だということを、オームスは明確に指摘した。オームスによれば、近世初期の支配のイデオロギーとして働いたのは、むしろ天海《てんかい》や鈴木正三の仏教思想であり、儒者でも、羅山よりは山崎闇斎《やまざきあんさい》（一六一八―八二）のほうが重要であった。

オームスは江戸時代初期の儒学の優越という従来の常識を壊したが、より大枠的な観点から従来の江戸時代の宗教観に対して新しいパラダイムを提案したのは尾藤正英《びとうまさひで》であった。尾藤は、「神道と仏教、およびそれに民俗宗教を加えた三者が、日本における伝統的宗教を代表するものと一般にみなされているが、その三者は、単純に併存しているのではなく、相互に影響し合い、あるいは補完し合う関係をなすことにより、伝統的社会の中で生活する人々にとって、まさに生きた宗教として機能することができていたのであろう」（尾藤、一九九二、一一〇―一一一頁）という観点から、「さらに一歩進めて、この三者が一つの体系ある宗教を構成していたとみることができないであろうか」（同、一一一頁）と提案する。

尾藤によれば、これらの宗教が「『複数の宗教』の様相を呈していたのが、古い時代の実態であっただろうと思われる。やがて歴史の経過の間に、それらがいわば統合されて、『一つの宗教』を形成するに至った」（同、一一三頁）という仮説を提出する。その形成の時期として、「仏教が民間に普及・定着したとされる室町・戦国時代、すなわち一五、一六世紀のころ」（同）と想定する。それを「国民的宗教」と呼ぶのは、「国民的規模において、平等な形態で実現されている」（同、一一五頁）ことによる。

尾藤の言うように、はたして「国民」全体にいきわたる「一つの宗教」としての「国民的宗教」が成立していたかというと、必ずしもそうは言い切れないであろう。しかし、「複数の宗教」がばらばらに孤立してあったわけでなく、複合的に補完しあうような役割を果たしていたという指摘はおそらく適切と思われる。いずれにしても、これらの点については さらに実証が必要とされるところであるが、近世において仏教が決して堕落し、衰退したのではなく、大きな役割を果たしたと見る尾藤の見方は、近世の仏教を改めて見なおす一つの転機となるものである。藤井學が指摘するように、「近世の仏教は、一面では民衆支配の末端に位置したが、他方では、かれらの多様な救済の要求を解決し、民衆社会に先祖供養を通じて人生の尊厳を教え、あるいは倫理道徳や年中行事を育て、過去のどの時代よりも国民の中に定着したのである」（藤井、一九八一、三五頁）。

近世思想史における仏教の役割を見なおそうという提言は、黒住真によってもなされている（黒住、二〇〇三、二〇〇六）。黒住は、尾藤のように「一つの宗教」に統合させず、「複数性」の相互関係という観点に立っている。今日では、この黒住のような見方はほぼ定着しつつあるといってよい。ただ、それでは具体的に仏教がどのような思想を展開し、どのように他の諸思想と関係しあうのかは、いまだ十分には解明されていない。それがこれからの大きな課題となろう。

・中世仏教観の転換

顕密体制論とそれ以後

近世仏教を明らかにするためには、その前の中世とどのような違いがあるかということが明確にされなければならない。中世に関しては、従来から仏教史の研究が手厚かったが、黒田俊雄によって一九七五年に顕密体制論が提唱されて以後（黒田、一九七五）、中世仏教に関する見方が大きく転換することになった。それまでの仏教史の常識では、本書冒頭に述べたように、いわゆる新仏教が中世仏教の主流と考えられていた。ところが、黒田はそれを批判し、中世仏教の主流は従来旧仏教と呼ばれていた天台・真言や南都系の仏教であったことを明らかにした。これらの仏教諸派は、顕教（密教以外の諸教）と密教とを併せ学ぶ総合仏教を志したところから、顕密仏教と呼び、彼らが政治・経済的にも大きな勢力となっていた体制を顕密体制と呼んだのである。黒田によれば、顕密仏教こそ中世において中心となったものであり、それに対して、従来新仏教と呼ばれ脚光を浴びてきた諸派は、実際には中世においては小さな勢力に過ぎず、異端派とも呼ぶべき存在に過ぎなかったというのである。

顕密体制論に対してはさまざまな批判もなされ、それがそのままでは通用しないことは今日では明らかになっている（末木、一九九八、二〇〇八）。中世の中でも時代的な変化があるし、また、新仏教というように体系化されなくても、顕密仏教の枠の中に入りきらない新しい活動は少なからず見られる。中世前期（鎌倉時代）は後に考えられるようには宗派が固定化しておらず、複数の宗派を掛け持ちするようなことも自由に行なわれた。それゆえ、顕密仏教対異端派という二項対立の図式は必ずしも生産的ではない。

とはいえ、だからと言って、もとの新仏教中心主義に戻るわけではない。新仏教の諸派が宗派的に大きくなり、相互に対立する構図は中世後期になってから形成されたものであり、それが近世、ひいては近代につながるのである。逆に言えば、新仏教中心論は、近代の諸宗を前提として、その源流を中世に遡って探るという方法を取ったのであり、中世仏教自体の総体的な構造を明らかにしようというものではなかった。近代の研究者にとって、新仏教が研究の価値があるのは、それが中世の典型だったからではなく、むしろ中世にありながらも、じつは近代につながるものだからなのである。

それに対して、顕密体制論がそれ以前の研究に較べて大きく進展したのは、中世という場に即して、仏教の実態を明らかにしようとしたところにある。当たり前のことではあるが、中世は決して近代的ではない。そこには近代の合理主義ではおかしいと思われるようなところがたくさんある。とりわけ密教とか神仏習合などには、非合理的で、ほとんどこじつけとしか考えようのない無理な議論がしばしばなされている。かつて新仏教が高く評価されたのは、反密教的であり、神祇不拝的であったからである。

しかし、顕密体制論が明らかにしたのは、そのような新仏教的な発想は中世にはごく一部にしか見られなかったもので、中世を代表するものではないということであった。そこで、そのような特殊な発想よりも、もっと中世らしい顕密仏教こそ中世研究にとって重要だということになる。

実際その後の中世仏教の研究は、狭い意味での新仏教よりも、顕密仏教をも含めて、より広い仏教の活動を研究対象とするようになっている。とりわけ顕著なのは、以前は否定的にしか見られなかった密教や神仏習合の研究が進められ、それらがきわめて重要な意味を持つことが明らかにされつつあることである。たとえば、即位灌頂《かんじょう》の儀礼は、中世においては天皇もまた密教的に意味づけられることが必要であったことを示している。

また、中世神道に関する最近の研究の進展は著しいものがある。かつては神仏習合は不純なものであり、中世にはそれらの仏教系の不純な神道に対して、純粋神道として伊勢神道が形成されてきたとされてきたが、実際には伊勢神道の形成には密教系の神道が深く関わっていることが明らかにされてきている。さらに、真言律とされる叡尊《えいぞん》系の律《りつ》宗教団が全国的に大きな活動を展開したことも明らかにされている。また、禅に関しても、栄西《えいさい》や円爾《えんに》ら、従来兼修禅と呼ばれて不純な禅として批判的に見られてきた動向が注目を浴びている。このように、中世理解のためには密教が鍵となることが分かってきた。

「顕」と「冥」の重層

それでは、そのような中世仏教の思想的な特徴はどこにあるのであろうか。かつて日本仏教の特徴として本覚《ほんがく》思想が注目された。本覚思想は中世の天台宗を中心に発展し、あるがままの現実をそのまま肯定し、極端な場合には修行不要とさえ主張するものである。確かにそれは重要な思想動向であり、近世になると本覚思想を批判し、実践を回復させようという運動が盛んになる。しかし、中世の特徴として本覚思想の現実肯定という面だけを強調すると、世俗倫理を重視する近世の思想と区別がつかなくなる。そこで私は、中世的な発想の特徴として、「顕《けん》」と「冥《みよう》」（あるいは「幽」）という二元的な世界観を持つのではないか、ということを仮説として提示したい。「顕」というのは、人々が日常生活を営むこの世界であるが、その「顕」の世界は自立したものではなく、裏面の「冥」の世界によって支えられていると考えるのである。

「顕」の世界が感覚で捉えられ、合理的な理法で理解されるのに対して、「冥」の領域はそのような理解を超えている。それが神仏の世界である。そこも無秩序のカオスではなく、何らかの理法があるはずであるが、それは人間には把握できない。「冥」の世界はこの世界と別個に存在するのではなく、この世界を背後から動かす不可思議な力でもある。人は「冥」の力を畏れ慎まなければならない。

「冥」の世界は、たとえば夢において示される。中世は夢の時代である。現代の我々は夢は非現実的で、覚醒した状態において真実の世界を生きていると考える。しかし、中世においては逆である。夢において「冥」なる神仏の世界を垣間見ることができ、そちらこそ真実であり、覚醒した世界は仮のはかない世界である。明恵《みょうえ》や親鸞をはじめとして、中世人がどれほど夢を重視したかは、よく知られていることである。

「顕」と「冥」との重層的な世界観は、仏教者の教理的な著作においてはそれほどはっきりと論じられているわけではない。しかし、たとえば天台座主慈円《ざすじえん》によって書かれた歴史書『愚管抄《ぐかんしょう》』において、「冥」は歴史を動かす力として認められている。「顕」の世界を王法とすれば、「冥」の世界は仏法に当たる。王法と仏法は車の両輪に喩《たと》えられる。歴史は人間だけでは動かせない。それを真に動かしているのは、背後の神仏の「冥」の力である。このように、中世的な世界観の特徴は、「顕」と「冥」の重層性に見ることができる。本覚思想が現実肯定的であるといっても、それは「冥」の世界を否定するわけではない。現実の「顕」の世界がそのまま「冥」の世界に通じていることを主張するのが本覚思想である。

それでは、それに対して、近世的な世界観はどのようなものであろうか。近世においても「冥」の神仏の秩序が否定されるわけではない。しかし、中世に較べて、「顕」の領域が非常に大きくなる。中世においては必ずしも明確でなかった世俗の倫理が大きな課題となり、儒教のみならず、仏教も積極的にそれに対応しようとする。儒教の中でも合理主義的な立場では、「冥」の世界を否定しようとする。それに対して、仏教は「冥」の世界を主張する中心的な勢力であった。しかし、やがて平田《ひらた》篤胤《あつたね》によって神道が独自の「冥」の世界の構想を持つにいたり、仏教の力は衰えていくことになる。このように、近世思想史の展開においても、じつは「冥」の世界の捉え方がきわめて大きな意味を持つことになるのである。

中世から近世へ

中世仏教の展開

兼学兼修の時代

前章にも述べたように、鎌倉期には仏教の宗派的な固定性はあまり強くなかった。一人の僧が複数の宗で学ぶような兼学兼修はそれほど珍しいことではなかった。東大寺の凝然《ぎょうねん》（一二四〇―一三二一）が、八宗兼学の立場から『八宗綱要《はっしゅうこうよう》』を著したことはよく知られている。また、『沙石集《しゃせきしゅう》』の著者として名高い無《む》住道暁《じゅうどうぎょう》（一二二七―一三一二）の場合、禅・律・密・天台・浄土など、諸宗すべてに通暁して実践活動を展開した。無住は、どの行《ぎょう》であっても、いずれも悟りを目指して向上していく手段であり、それぞれの人にとって有縁《うえん》の行を行なえばよいと主張した。

かつての研究では、鎌倉仏教というと、新仏教の一向専修《いっこうせんじゅ》ということが特徴のように言われた。そのような専修の立場を取る人がいないわけではなかったし、とりわけ法然《ほうねん》門下では念仏をするだけでよいと主張して、他の行を行なう人を非難するような行為も見受けられた。しかし、必ずしもそれが中世前期を通して主流となったわけではない。

鎌倉時代のはじめ頃には、仏教再興を目指す大きな動きがあり、重源《ちょうげん》や栄西《えいさい》など、東大寺大勧進《かんじん》職として宗派性に捉われない活動が見られた。法然の活動にしても、その面から見れば、仏教再興の運動の一環として理解できる。それが鎌倉後期になると、ある程度の蓄積ができ、それを総合し、あるいは実践に生かすことが課題となった。凝然や無住の仏教はまさしく総合的な仏教であるが、一見それとは逆の方向を向いているかのように見える日蓮《にちれん》にしても、じつはきわめて総合的な仏教を展開している。日蓮の教学は天台をベースとした総合仏教であり、それに密教的な曼荼羅《まんだら》を取り入れ、さらに念仏の影響を受けた唱題を採用している。

道元《どうげん》系の禅の復興者として名高い瑩山紹瑾《けいざんじょうきん》（一二六八―一三二五）の場合も同じである。瑩山の禅はしばしば密教化とか、雑行化とか、批判される。しかし、その中に密教的な要素が含まれているとしても、それ以前の密教との兼修とは異なっている。それ以前の兼修禅が禅の外にある密教を学び、それ故、文字通り、禅と密教を兼修したのに対して、瑩山の場合は、あくまで禅を学ぶ中に密教的な要素も含まれていくのであり、禅とは別に密教を学ぶわけではない。即ち、それだけ禅の絶対性が高まっているということができる。

このように、それぞれのグループが次第にそれ自体の中で充足するようになると、外部に兼学を求める必要がなくなってくる。中世後期になって、仏教が次第に宗派化していくのは、このような前提があってのことである。室町前期は、五山を中心とした禅が幕府と結んで中央で権力を振るう一方、さまざまなグループが地方に展開し、仏教が次第に社会に定着していくようになる。それが戦国期の仏教勢力の強大化を生むことになった。

戦国期の仏教

戦国期の仏教は、一方で禅の流れが戦国大名の信仰を集め、他方で浄土真宗や日蓮宗の流れが民衆の中に広がることになった。禅はもともと知識人に親しみやすいものであり、生死の覚悟を決めるのにふさわしいところから、鎌倉期以来武士の間で信奉され、室町期には五山を中心に発展した。しかし、五山派が中央で権勢を振るったのに対して、地方に広がったのは、林下《りんか》と呼ばれる五山派以外の諸派であり、臨済宗《りんざいしゅう》の妙心寺派・大徳寺派、あるいは曹洞宗《そうとうしゅう》の系統などであった。これらの諸派は、武士層だけでなく、次第に各地の民衆の中にも定着していった。それは、彼らの持つ禅定《ぜんじょう》力が従来の密教の呪力などよりも単純でありながら強力であったためで、さまざまな祈禱や儀式を通して、民衆にも親しまれるようになっていった。とりわけ禅宗は葬送儀礼において力を発揮した。禅宗の葬儀には、修行を完成し、悟りに至った僧を弔う尊宿《そんしゆく》喪儀《そうぎ》法と、修行中に亡くなった僧を弔う亡僧《ぼうそう》喪儀法とがあるが、そのうち亡僧喪儀法を在家者向けに転用することで、在家者の葬送儀礼をいち早く整備した（圭室、一九七三）。その他の諸宗も民衆の中に定着するとともに、次第に葬儀法を整えた。在家者の葬儀に当たって戒名《かいみょう》を与える習慣もこの頃始まった。このような葬式仏教化は近世仏教への道を開くものであった。

戦国時代の仏教の中で、もっとも強力に勢力を拡大したのは浄土《じょうど》真《しん》宗であった。それも、蓮如《れんにょ》（一四一五―一四九九）の一代で巨大教団へと発展した。蓮如は本願寺七世の存《ぞん》如《にょ》の子であったが、当時の本願寺は親鸞《しんらん》門流の中でも不振で寂れた状態であった。蓮如は長禄元年（一四五七）、四十三歳で留守職を継承し、近江《おうみ》堅田《かただ》や三河などに勢力を築いた。比叡《ひえい》山との軋轢《あつれき》から京を逃れ、文明三年（一四七一）越前の吉崎《よしざき》に御坊《ごぼう》を建立して拠点とし、北陸から東国に至る広い地域に教線を拡大した。

文明六年、加賀国守護富樫《とがし》氏の内紛で、高田派との対立から富樫政親《まさちか》に協力して勝利した。加賀の一向一揆《いっこういっき》の始まりである。しかし、政親と一向一揆が対立するに至って、文明七年蓮如は吉崎を退去した。その後、山科本願寺、石山《いしやま》本願寺などを建立して、畿内地方を中心とした布教に精力を尽くした。他方、一向一揆の勢力は蓮如の思惑を超えて広がり、長享二年（一四八八）には富樫政親を打ち破り、一向一揆の勢力は加賀一国を支配するに至った。その後、一向一揆は戦国大名と抗争しながら独立した政治勢力を保ち続け、最後に信長の石山本願寺攻略を受け、天正八年（一五八〇）に滅亡するまで、約一世紀、日本の歴史の中でも例を見ない宗教国家を実現させた。

禅宗が坐禅による心の確立ということを目指したのに対して、蓮如の教えは極めて一神教的性格の強い阿弥陀《あみだ》仏絶対主義を展開するものであった（大桑、二〇〇六）。親鸞においては、複雑な仏身《ぶっしん》論を前提に、阿弥陀仏信仰をいかにして仏教の中で主張できるかということが課題であった。しかし、蓮如においては複雑で思弁的な面が捨象され、「ただふかくねがふべきは後生なり、またたのむべきは弥陀如来なり」（『御文《おふみ》』、文明五年九月中旬）と言うように、その教説は阿弥陀仏の力を頼んで往生するということに集約され、きわめて単純化するのである。

それは往生が目的とされる限り、来世主義的であり、前章の言葉で言えば、「冥《みょう》」の世界を目指しているということができる。しかし、来世主義の信仰の強力さが、今度は現世における活動のエネルギーとなるところに、新しい展開がある。蓮如自身は、一向一揆が政治的、軍事的に強大化することには批判的で、「ほかには王法をもつておもてとし、内心には他力の信心をふかくたくはへて、世間の仁義をもつて本《もと》とすべし」(『御文』、文明六年二月十七日)と、王法・仏法の分離を説き、「世間の仁義」に従うべきことを説いた。しかし、かつては成り立った王法・仏法を分離する論法が説得力を持ちうる時代ではなくなっていた。

誠に今此のたび念仏申して、順次往生を遂げて死去せしむるも、又非分難苦に逢ひて死去せしむるも共に以て同篇のあひだ、前業の所感に任する也。然る上は仏法のために一命を惜しむべからず合戦すべきの由、兼日に諸人一同に治定せしむる衆議而已《のみ》矣。(文明五年十月、多屋衆消息)

すべてを弥陀に任せきって戦いに挑むという論法のほうがストレートに説得力を持ったのである。これは、すべてを神の与えた試練として殉教に向うキリシタンの論法とほぼ同じである。それは、宗教による世俗の論理の打破ということができるが、別の面から見れば、蓮如にはまだ残っていた世俗(王法)と宗教(仏法)の領域を分けるという発想を超えて両者を一元化することでもある。

それが逆転すると、信長以後、世俗の王法が仏法を踏みにじることも可能なことになってしまう。一見、宗教勢力の強大な展開が、じつはその後に続く世俗主義の時代を用意したとも言える。あるいは別の視点から見るとき、信長以後の近世初期の世俗権力がそれほど世俗的であったのかどうか、後に見るように再検討が必要となる。

浄土真宗と対抗して大きく進展したのは日蓮宗であった。日蓮宗を発展させた立役者の一人が中山門流の日親《にっしん》（一四〇七―八八）であった（湯浅、二〇〇九）。日親は上総《かずさ》の出身であったが、応永三十四年（一四二七）上洛して布教に乗り出した。日親は、日蓮の先蹤《せんしょう》に習い、永享十一年（一四三九）『立正治国論』を将軍足利義教《よしのり》に提出して諌avoidance諌曉《かんぎょう》（君主をいさめること）し、灼熱した鍋をかぶらされるような激しい拷問に耐え抜き、「鍋かむり日親」の異名を取った。日親に代表されるような不屈の態度で信仰を貫くのが日蓮門流の一つの特徴となり、それは不受不施《ふじゅふせ》の立場にもっともよくうかがわれる。不受不施は信仰を同じくしないものの布施を受けず、また布施しないというもので、近世に厳しい弾圧の対象となる。

このような不受不施的な発想は、浄土真宗と同じようにセクト化した新しい仏教を代表する。特に日蓮門流は浄土真宗よりも現世利益《げんぜりやく》的な面が強いので、いっそう世俗化を推進することになった。こうしたところから、日蓮門流は新興の京都の町衆に信者を獲得した。彼らは一向一揆に対抗して軍事力をつけ、京都の自治権を獲得するに至った。しかし、天文五年（一五三六）延暦《えんりゃく》寺の勢力に攻められ、壊滅状態となった（天文法華一揆）（今谷、二〇〇九）。

このように世俗化した強大な宗教勢力を打破することが、近世の統一政権樹立のための不可欠の課題となった。こうして近世初期の権力者は残酷なまでに徹底的な宗教勢力壊滅を行なうことになる。

信長・秀吉と仏教

信長の仏教弾圧と安土宗論

中世末期には、浄土真《じょうどしん》宗や日蓮《にちれん》宗においてセクト性が強まり、世俗領域（顕）と宗教領域（冥）が一元化され、信仰の純粋化が図られるようになった。ちなみに、神道においても、吉田兼倶《よしだかねとも》によって唯一神道が提唱されて、仏教の中に包摂されない神道のシステムが作られる。それ以前から神々の体系化が進み、根源神（大元神、大元尊神）を求めるようになったが、それも浄土真宗やキリシタンの一神教的動向と関係する時代の流れである（小山、一九八八）。同じ頃、道徳の根拠を天道に求める思想も形成された。宗教に関していえば、近世末はこのようにさまざまな傾向がぶつかり合いつつ、全体として最高神、絶対神を求めようという傾向が顕著となっていた。

世俗の世界で天下統一を果たそうとした織田信長《おだのぶなが》や豊臣秀吉《とよとみひでよし》は、同時にこのような宗教の高揚した時代を受けて、宗教問題にどう対処するかが大きな課題となった。彼らは一方で現実にきわめて強大化した教団に対して厳しい弾圧と統制を行なう一方で、自らを神格化することによって宗教レベルでの権力化を図ろうとした。

信長といえば、その過酷な仏教寺院の制圧で知られる。とりわけ比叡《ひえい》山焼き討ちは徹底していた。元亀二年（一五七二）九月、比叡山を包囲した信長は、山頂から坂本まですべての堂社を焼き払い、多数の僧を殺害した。これによって、中世において顕密の中枢であった比叡山の権力は地に堕ちることになる。かつてどの権力者も「冥」の力を恐れて手を付けられなかった仏法の拠点を、ためらうことなく全滅させたところには、神仏を恐れない新しい時代の英雄の面目が躍如としている。

この信長の焼き討ちは、「余分なるものを滅し、最も神聖なる教、当地方に盛に弘布《ぐぶ》せんことを計り給へるデウスの全知全能」によるものと、イエズス会士によって賞賛されており（フロイス、一五七一年十月四日書簡）、キリシタンによる寺院破却もあった。そのことを考えると、信長という個性だけに帰することのできない時代性があると考えなければならない。

もっとも、このことによって直ちに中世的な仏教が消え去ったわけではない。近世の天台は天海《てんかい》らによって復興されるが、そこには中世の口伝法門《くでんほうもん》の本覚《ほんがく》思想が大きく流れ込んでおり、それが批判されるのは、安楽律《あんらくりつ》の主唱者霊空《れいくう》らを待たなければならなかった。

信長が仏教に関して行なったもう一つ重要なことは、天正七年（一五七九）の安土宗論《あづちしゅうろん》である。これは、不受不施《ふじゅふせ》的な一種の原理主義に立つ宗教勢力である日蓮宗を撃退するために、浄土宗を使って仕掛けた論争である。比叡山焼き討ちの直接的な暴力性に比べて、一応理論的な論争という形を使っていることが注目される。

そのとき、日蓮宗側が負けたとされるのは、法華《ほっけ》宗側が、『法華経』以前（爾前《にぜん》）には真実はないと言ったのに対して、浄土宗側が、それでは「法座第四の妙」も捨てるのか、と問い、それに法華側が答えられなかった、ということになっている（『信長公記』）。しかし、おそらくこれは「方等《ほうどう》第四の妙」とあるテキスト（『因果居士自筆安土問答』）のほうが適切で、その背景に天台智顗《ちぎ》の『法華文句《ほっけもんぐ》』巻五に「秖《た》だ是れ方等教中に大乗実慧《じつえ》を聞くこと、今と殊《こと》ならず」とあるのを踏まえている（『浄土宗与《と》日蓮宗宗論之記』）と思われる。『法華経』以前の『方等経《ほうどうきょう》』（『大方等陀羅尼《だらに》経』）にも、『法華経』に匹敵する真理があるのではないか、ということを問題にしたと考えられる。そうとすれば、この議論はそれほどナンセンスなこじつけというわけではないことになる。

当時、浄土宗と法華宗の間でしばしば宗論が戦わされていたことは、『宗論』という狂言があることからも知られる。そこでも両者が自分の立場に固執して無意味な論争をしていたことが皮肉られている。信長はこうした状況を利用したのであり、まったく何もないところに無理やりでっち上げたというわけでもないのである。

信長は安土城内に総見寺《そうけんじ》を建て、自らが神として祀られることを望んだといわれる。このことは、フロイスの「一五八二年イエズス会士日本年報追加」に、「神にして不滅のものなるが如く、尊敬せられんことを希望した」と書かれていることから推定されている。これに関しては資料も足りず、十分な確証がないが、大名の吉川元春《きっかわもとはる》が死後に神と祀られた例があることなどから、可能性はあったと考えられている（曾根原、二〇〇八）。

秀吉の宗教政策

信長に較べて、秀吉は仏教に対して友好的であったが、根来《ねごろ》などの抵抗する勢力に対しては徹底的に討伐した。秀吉の仏教政策として有名なのは、方広寺《ほうこうじ》大仏の建立である。完成した大仏を前に、文禄四年（一五九五）には亡父母のために千僧供養《せんそうくよう》を行なった。千僧供養というのは、千人に及ぶ多数の僧に食事を供し、功徳を積むもので、中国では六朝《りくちょう》時代以来行なわれ、日本でも古代からしばしば行なわれてきた。秀吉は天台宗・真言宗・律宗・禅宗・浄土宗・日蓮宗・時《じ》宗・一向《いっこう》宗の八宗の僧に出席を要請した。これは中世までの八宗（南都六宗に天台・真言宗を加えたもの）と異なる新しい宗派を意識したものであった（河内、二〇〇八）。

もちろんそれは秀吉の権力の誇示であり、仏教界の統制を意図するものであった。一向宗を含む諸宗がその威光に従わざるを得ない状況の中で、唯一対応が問題となったのは日蓮宗であった。日蓮宗も大勢としては参加することになったが、その中で、妙覚《みょうかく》寺の日《にち》奥《おう》（一五六五―一六三〇）はあくまで不受不施の立場を譲らず、出仕を拒んだ。日奥は後に徳川幕府の出仕要請にも応じず、対馬に流罪にあってもその立場を崩さなかった。このため、江戸時代には不受不施の一派は禁教とされ、地下に潜って信仰された。

信長が伝統的な神仏に挑戦的で、キリスト教に友好的であったのに対して、秀吉は当初はキリスト教を黙認していたが、天正十五年（一五八七）、九州平定の過程で突然伴天連《ばてれん》（宣教師）の追放を命令し、禁教に転じた。やがて慶長元年（一五九六）、サン・フェリーペ号漂着事件をきっかけに、二十六聖人殉教にまで至ることになった。

ここで注目しておきたいのは、このような禁教の過程で、その理由付けとして日本神国論が浮上してくることである。即ち、天正十五年の伴天連追放令では、その第一条に「日本ハ神国たる処、きりしたん国より邪法を授けられ候儀、太《はなはだ》以て然《しか》るべからず候事」とある。もともと神国というのは神仏習合の中から出てきたもので、必ずしも日本中心論を意味するものではなかった。ここでも「日域の仏法を相破る事曲事《くせごと》に候」（第三条）とあるように、仏法が前提とされており、必ずしも神を仏の上位に置くわけではない。秀吉のほかの文書から神を上位に置くかのように読み取れるところがないではないが（朝尾、一九九二）、その解釈にはまだ検討の余地がある（高木、二〇〇三）。むしろこの場合、上下関係というよりは日本を神仏の国としてキリスト教を排除するという構造と見ることができる。その基本は徳川幕府にも受け継がれることになる。

信長の場合、はっきりしないところがあったが、秀吉が自らを神として祀られることを望んだことは、はっきりしている。秀吉自身は新八幡として祀られることを望んだが、最終的には吉田神道の梵舜《ぼんしゅん》の力によって豊国大明神《とよくにだいみょうじん》として祀られることになった。国家の最高権力者がはっきり神として祀られた最初であり、その後の家康信仰に受け継がれる。この場合も大明神は神仏習合系の呼称であり、神仏の国日本という枠の中に納まるものである。しかし、「顕」の世界の支配者がそのまま「冥」の世界で権勢を振るうことで、

「顕」と「冥」の二元化という時代の趨勢を示すものといえよう。

　仏教史の流れからは少し外れるかもしれないが、秀吉時代の注目される仏教僧として、『朝鮮日々《ちょうせんにちにち》記《き》』の著者慶念《けいねん》（一五三六—?）を挙げておきたい。慶念は臼杵《うすき》（現大分県）の浄土真宗の安養寺の住職であったが、慶長《けいちょう》の役《えき》（一五九七—九八）に医僧として従軍し、その記録を多数の和歌とともに残した（朝鮮日々記研究会、二〇〇〇）。

　とか《（科）》もなき人の財ほう《（宝）》とらんとて雲霞《うんか》のごとく立さはく躰《てい》

道すからきられ《（斬）》てし《（死）》する人のさま五躰《ごたい》につゝ《（続）》くところなきかな

夜もすから石をひかする城ふしんたゝとんよく《（貪欲）》のはしめ成りけり

子たちよりいとこまかなる文を得てそのうれしさハたくひなきかな

など、侵略軍の残虐さを見つめ、戦争の悲惨や人間の貪欲を嘆くとともに、故郷の家族を想い、無事の帰国を願うなど、人間らしい心をすなおに歌い上げた。残酷な侵略戦争の中で、わずかに明るい光を差しかけてくれる。

徳川幕府の宗教政策

幕府の宗教統制策

信長・秀吉が一代で終わったのを受けて、徳川幕府は二世紀半に及ぶ長期政権を確立することになった。それは、幕藩体制といわれるように、藩を媒介としながら支配する巧妙な政策であった。その中で、中世末期に勢力を振るった一向《いっこう》宗や法華《ほっけ》宗をどうするか、そしてキリスト教勢力にどう対応するかということは、徳川幕府初期の大きな課題となった。近年、近世の宗教政策に関しては、従来のように幕府を見るだけでは不十分で、朝廷側の動きも重要であること、仏教やキリスト教、神道などの見えやすい大きな教団のほか、陰陽道《おんみようどう》などを考慮に入れる必要があることなどが指摘され、新しい研究が進んでいる（高埜、一九八九　林、二〇〇五）。そのことを念頭に置きながら、ここでは仏教の問題を中心に見ることにしたい。

幕府の中枢で政治顧問の役割を果たしたのは、崇伝《すうでん》（一五六九―一六三三）と天海《てんかい》（一五三六―一六四三）という二人の仏僧であり、いまだ儒教の影響は弱く、仏教が広い範囲で影響力を持っていた。崇伝は慶長十年（一六〇五）南禅寺住持となり、同十三年徳川家康につかえるようになった。当初は外交文書を扱っていたが、後に板倉勝重とともに幕府の寺院行政に腕を振るって、その宗教政策の基礎を作った。

その政策はまず慶長十四年の「関東古義真言宗法度《はっと》」九ヵ条をはじめとして、各宗ごとに制定された寺院法度に示され、後に寛文五年（一六六五）、諸宗をまとめた「諸宗寺院法度」が制定された。後にも貞享四年（一六八七）、享保七年（一七二二）に制定されている。初期のものは、本末《ほんまつ》制度や寺檀《じだん》関係、僧侶の資格などについて規定されており、近世を通じて仏教制度の根幹をなすことになった。とりわけ、本末制度と寺檀制度は近世仏教の特徴をなすものであり、その枠組みが近代にも引き継がれ、いわば日本の仏教の特徴をなすものとなるので、非常に重要である。

本末制度は、本山と末寺の関係を宗派ごとに固定化し、上下関係を作るものである。それも本山―本寺―中本寺―直末《じきまつ》寺―孫末寺のように、複雑なヒエラルキーを作ることになる。本山は、宗派としての根本方針を定め、教理を確定するとともに、僧の得度や住職の任免などの権力を持ち、末寺からの上納金によって経済的にも巨大化した。このような本末制度は中世末期にかなり形成されてきていたのを、制度的に固定化したもので、幕府は各宗に本末帳を提出させて、寺院統制の基礎となした。

本末制度が寺院内の組織の問題であるのに対して、寺檀制度は寺院（菩提《ぼだい》寺・檀那寺《だんなでら》）と一般の人々（檀家《だんか》）との関係になるので、生活に密着した問題となる。これも中世に発するもので、とりわけ戦国大名が特定の僧侶に帰依《きえ》することで、その寺院の創建や維持を援助して密接に関係するようになった。他方、仏教が民衆の中に次第に普及することで、民衆と寺院の結びつきも深められた。それを政治的に固定化したものが寺檀制度である。

寺檀制度の起こりはキリシタン禁制と関わり、住民がキリシタンでないことを寺院が証明する寺請《てらうけ》制度に発する。寛文年間（一六六一―七三）には宗旨人別帳《しゅうしにんべつちょう》が作成され、実質的な戸籍として、住民支配の基礎となった。当初は、一つの家でも必ずしも一つの寺院に確定していたわけではないが、次第にそれが固定化するとともに、本家から分家へと及ぼされ、同族でまとまるようになった。

家康が慶長十八年（一六一三）に制定したとされる「宗門檀那請合之掟《しゅうもんだんなうけあいのおきて》」は、十七世紀末の偽作と考えられているが、そこには、「先祖の仏事、歩行達者なる者、参詣仕《つかまつ》らず、不沙汰に修行申す者吟味を遂ぐべし」などと、先祖祭祀を媒介として、寺院との緊密な関係を強制している。

このように、寺院が行政の末端の役割を果たすようになったことは、宗教が本来の役割を忘れ、権力による住民支配に手を貸したものと考えられ、近世仏教堕落論に大きな論拠を与えることになった。確かに、さまざまな制度にがんじがらめになり、宗教の自由な活動が奪われ、そればかりか権力の手先となったことを否定はできない。江戸幕府の宗教統制について詳細に検討した圭室文雄は、「江戸時代の宗教統制も、このように、信仰のない檀家制度・修学のない本末制度を軸としていた」（圭室、一九七一、二四三頁）と手厳しい。

しかし、そのマイナス面ばかりを見ることも、一面的であろう。キリシタン禁制を口実としながらも、そこに寺院が関与しなければならなかったことは注目すべきであり、大桑斉が、「幕藩制国家というものは、武士の世俗的権威による支配のみでは成立しえないのであって、宗教的権威がその支配の正当化を保証しなければ、国家として完結体となりえないような性格をもっているということである」（大桑、一九七九、一二〇頁）と指摘するのは適切であろう。

ちなみに、幕府による諸宗の統制に対して、後水尾《ごみずのお》天皇が幕府の許可なくして禅僧に紫衣《しえ》を与えたことから起ったのが紫衣事件で、寛永六年（一六二九）に沢庵宗彭《たくあんそうほう》（一五七三―一六四五）らが流罪とされ、幕府の統制はいっそう強められた。

近世寺院の役割

仏教は幕府の統制を受けると同時に、幕府に庇護され、一種の国教として役割を果たした。寺院は寺社奉行の管轄下に置かれ、僧侶をはじめとする宗教者は士農工商の身分の枠外の存在として、宗教はいわば世俗の秩序に完全には服さない独自の領域を保持した。寺院数は増加し、全国で約九万寺に及ぶという（家永他、一九六七b）。都市でも村落でも、寺院は今日考えられるような狭い意味の宗教だけに留まらず、教育・娯楽から精神的なケアなどを含む地域の総合文化センターとしての役割を果たした。それは単に戸籍を管理するという行政的な役割を超えたものであり、網の目のような寺院の草の根のネットワークによってはじめて、仏教は人々の生活の隅々にまで行き渡った。近代的な意味での信仰とは違っても、人々の神仏への依存は、今日考えるよりもはるかに大きかった。

寺院は戸籍の管理によって生者を統括するとともに、葬式と墓地の管理によって死者をも支配する大きな力を持った。近世はしばしば儒教の時代と誤解されるが、実際には日本の儒教は礼なき儒教であり、支配階層である武士の倫理に留まった。中国や朝鮮の儒教が礼を根本に置くのと対照的である（小島、二〇〇四）。武士であっても原則として仏教式の葬儀を行なわなければならず、儒教の方式は禁止された。「宗門檀那請合之掟」では、「死後死体に剃刀《かみそり》を与へ、戒名を授け申すべき事、是は宗門寺の住持、死相を見届けて邪宗にて之なき段、慥《たしか》に受合の上にて引導す可《べ》き也。能々《よくよく》吟味を遂ぐべき事」と規定されている。幕末近くなると、神道家が神葬祭と呼ばれる神道式の葬儀を考案し、仏教に対抗しようとしたが、必ずしも大きくは広まらなかった。近代になって、幕府による強制がなくなっても、仏教が葬式仏教として生き延びたのは、こうして人々の生活の中に草の根的に根づいていたからである。

中世には王法・仏法が対等に並んでいたが、近世においては、一見すると世俗の権力が仏法を凌駕し、仏法を支配するかのように見える。確かにそれはある面で正しい。しかし、他方で仏法は人々と直接触れ合う領域を確保することで、その地盤を強化することに成功した。その地盤の上に近世の仏教が花開くことになるのである。

ところで、寺檀制度というきわめて巧みで堅固なシステムを誰が考案したのであろうか。

実際の制度設計はともかく、その理念を提示した一人として鈴木正三《すずきしょうさん》が注目されている（大桑、一九七九、一九八九）。正三はもと三河の徳川氏に仕える武士で、関ヶ原や大坂の陣でも出陣したが、四十二歳で突然出家し、山野で厳しい修行を積んだ上、故郷の三河の石ノ平で布教に努めた。正三は曹洞宗《そうとう》に属するが、必ずしも宗派性に捉われずに二王（＝仁王）禅と呼ぶ勇猛な禅を説いた。

しかし、それ以上に彼の名が知られているのは、『万民徳用』において「世法即仏法《せほうそくぶっぽう》」の立場から、士農工商がそれぞれの職務を果たすことがそのまま仏法であると説いた。これは世俗の倫理を宗教的行為として認めることで、仏教の近代化という観点から注目された（中村、一九六五）。しかし、その世俗性は封建的な秩序を前提とするもので、その点から言えば、正三の世法即仏法説は封建秩序を基礎づけるものと考えられる。封建体制化の倫理の理論化と言うと、直ちに儒教が考えられるが、じつは儒教以前に仏教がその課題を果たしていたのである（オームス、一九九〇）。

それればかりでなく、正三は晩年、仏法を政治の役に立てることを構想した。それは、「寺方ヱ、寺領寺地御免アツテ、無役ニ召置カル、事、アツタラ事ナル間、是ニ役儀ヲ申付ベシ」（『驢鞍橋《ろあんきょう》』上）と言われるように、免税等の便宜を得ている寺院に役割を与えようというもので、それは具体的には、「檀那ノ中ヨリ悪人出デバ、其寺ノ過《とが》トシテ、住持ヲ法度ニ行フベシト申シ付クベキ也」（同）というもので、寺院を犯罪の防止に役立てようというものであった。それは、寺院と住民の関係を緊密にして行政の末端に置き、住民の監視役にしようという寺檀制度の理念ときわめて近いものであった。正三の発想が直接に幕府に影響を与えたとは思われない。しかし、同時代の仏教側が、その一部であるとはいえ、このような発想を持っていたということは注目されることである。即ち、幕府の仏教統制策は単に外から強制したというだけのものではなく、むしろ仏教側が自ら積極的にその役割を買って出たという面もあったのではないかと考えられるのである。

なお、世法即仏法の立場から世俗を重視する発想のもとには、中世以来の本覚《ほんがく》思想の影響があると思われる。それについては、次節の家康信仰の問題のところであわせて考えてみよう。

天海と家康信仰

近世は確かに世俗化の時代ではあるが、それはただちに非宗教化を意味しない。上述のように、一見世俗の政治権力の優位に見えることでも、実際にはそれを下から支える仏教の力がなければ安定することができなかった。

天海と寛永寺

江戸時代はじめの政治を動かした仏教者としては、崇伝《すうでん》よりも天海《てんかい》のほうがその影響力が大きい。崇伝はいわば能吏《のうり》で、中世の五山の伝統を受け継ぎながら、優れた行政能力を発揮した。それに対して、天海は百歳を超える寿命を保ち、家康・秀忠・家光三代の師として権勢を振い、幕府の信仰を方向づけた。

比叡《ひえい》山が信長に焼き討ちされ、日本の天台宗は大打撃を受けた。しかし、それで消滅し

図1　天　海（栃木・輪王寺所蔵）

てしまうほど脆弱なものではなかった。中世には天台宗の教学は関東にも広がり、とりわけ田舎恵心《えしん》と呼ばれるように恵心流の口伝《くでん》法門は関東に地盤を築いた。天海もまた東国の会津の出身で、若い頃は比叡山で修行したが、比叡山が焼き討ちされてからは関東を中心に活動していた。慶長十二年（一六〇七）に家康の命で比叡山に戻ったが、すでに七十歳を超えていた。それから天海の超人的な活躍が始まるのである。

家康は晩年、御前論義《ごぜんろんぎ》と言われるように、諸宗の僧を集めて論義を行ない、学問の交流を図ったが、天海はその学識によって家康の信頼を勝ちとった。その後関東に新たな天台宗の地盤を作ることに努め、川越の喜多院《きたいん》を関東の本寺として比叡山の支配から切り離した。天海の本質は決して政僧ではなく、中世末の教学の上に立って盛んに学問興隆を図っている。叡山焼き討ちで失われた写本を各地に求めて書写させたり（天海蔵）、日本ではじめての一切《いっさい》経の刊行を企画し、実現している（天海版）。

もともと徳川家は浄土宗の檀家《だんか》であり、江戸に入城してからは、存応《ぞんのう》（一五四四—一六二〇）が住職を務める増上寺《ぞうじょう》を菩提寺《ぼだいじ》として、慶長三年に現在地である芝に移転させた。それに対して、天海が家康の信仰を勝ちとり、秀忠・家光時代にさらに地歩を固めることで、江戸をめぐる仏教界の情勢は大きく転換することになった。家康を天台宗の山王一実《さんのういちじつ》神道《しんとう》の形式で祀るようになったことと、寛永寺《かんえいじ》が増上寺以上の大きな力を発揮するようになったことである。

天海はもともと喜多院を本拠地としていたが、さらに江戸に進出することを図り、元和八年（一六二二）秀忠から上野の地を下賜《かし》され、家光の代になって寛永二年（一六二五）に本坊が完成して東叡山《とうえいざん》寛永寺が発足することになった。すでに浅草寺《せんそうじ》があったにも関わらず、しがらみのない形でまったく新しい寺院を作ったのである。上野の地は江戸の東北の鬼門《きもん》に当り、ちょうど京都に対する比叡山の位置に相当する。不忍池《しのばずのいけ》が琵琶湖に相当する。東叡山という山号は言うまでもなく比叡山を意識したものであり、寛永寺という年号を付した寺号も延暦寺《えんりゃくじ》を模したものである。

しかし、天海は比叡山のミニチュアを江戸に作ろうとしたのではなく、延暦寺を凌駕し、幕府の中心寺院として仏教界の中心に立とうと意図したものであった。その展開の計画は天海没後も着々と進行し、慶安四年（一六五一）に家光が亡くなると、その葬儀も本来の菩提寺の増上寺ではなく、寛永寺において行なわれた。このことは当然増上寺の反発を招き、後の将軍たちの思惑もあって混乱の末、最終的には将軍たちは増上寺と寛永寺に交互に葬られることになった。

寛永寺はさらに権威を高めるために、皇室から皇子を迎えて住職とすることを企図し、承応三年（一六五四）に後水尾《ごみずのお》天皇の第三子守澄法親王《しゅちょうほっしんのう》を輪王寺宮《りんのうじ》として迎えた。以後、輪王寺宮は皇子によって継承され、東叡山と日光山とを総括する最高の門跡《もんぜき》として、仏教界の頂点に立ち、一品宮《いっぽんのみや》と呼ばれた。

家康の神格化

寛永寺の創建と並んで、天海が近世の宗教の方向を大きく決めたのは、家康の神格化である。先に述べたように、すでに信長・秀吉において自己を神格化しようという方向が示され、実際に秀吉は神道の形式で祀られた。家康もまた同じことを望んだ。もともと亡くなった人が神として祀られるのは、恨みを呑んで憤死した政治的な犠牲者を御霊《ごりょう》として祀るように、きわめて限られた場合のみであったが、中世の終わり頃から、もう少し広い可能性が出てきた。その上に、キリスト教が入ってきて、現世と来世、あるいは「顕」の世界と「冥」の世界の両方を統括する神の観念が定着した。権力者を神と祀るのは、このような流れを受けて、現世の権力者が超越的な世界から現世に力を及ぼそうという発想に基づく。

それ故、家康自身が自ら神として祀られたいという意向を持っていたことは間違いないが、具体的にどのように祀るかということは必ずしも明確でなかった。元和二年（一六一六）四月の家康の死を受けて、このことが大きな問題となった。当初主導権を握っていたのは、吉田神道《よしだしんとう》の梵舜《ぼんしゅん》で、彼は秀吉の神格化にも中心的な役割を果たした。梵舜は崇伝と組んで、家康も秀吉と同じように吉田神道の方式で明神《みょうじん》として祀る方針を採った。

ところが、これに異を唱えたのが天海である。天海は、秀吉の子孫が滅亡した例を引き、明神として祀ることは不適切であると力説した。その結果、秀忠の決定で方針が覆り、山王《さんのう》神道の形式で権現《ごんげん》として祀ることになった。七月に朝廷から権現号の勅許を得、最終的に神号が「東照大権現」に決定して、翌元和三年四月、一周忌の折に遺骸が日光に運ばれ、日光東照社（東照宮）が造立された（曾根原、二〇〇

図２　日光東照宮

八)。

そもそも山王神道と呼ばれる天台系の神道は、本地垂迹《ほんじすいじゃく》型の神道の典型であり、最澄《さいちょう》が比叡山の守護神として祀ったという伝承のもとに、比叡山と一体となって発展してきた。比叡山の麓の坂本に社殿を構え、主神である大宮は釈迦の垂迹とされ、薬師の垂迹である二宮、阿弥陀の垂迹である聖真子《しょうしんし》とともに、三聖と称される。釈迦・薬師・阿弥陀は、比叡山の西塔《さいとう》・東塔《とうとう》・横川《よかわ》の本尊であり、比叡山の本尊を反映する形になっている。そこから、山王神道の理論は中世の天台僧を中心に形成され、義源《ぎげん》の『山家要略記《さんげようりゃくき》』や光宗《こうしゅう》の『渓嵐拾葉集《けいらんしゅうようしゅう》』などの著作において発展させられた。それらにおいて山王神道は伊勢などとも結び付けられ、諸神の根源に位置づけられるようになった（末木、二〇〇三）。

天海による家康神格化もこのような山王神道の伝統に則るものであるが、他の点でも天海が従来の叡山中心の天台を大きく変容させたのと同様に、この場合も従来の山王神道そのままではなく、家康中心に組み替え、日光中心の新しい山王神道であった。そこで、旧来の山王神道と区別して、一実《いちじつ》神道とか山王一実神道などと呼ぶこともある。

東照宮の創建に関しては、天海の筆になる『東照社縁起』真名本《まなぼん》（漢文体）三巻と仮名本五巻（和文）の全八巻が遺されているが、中でも真名本上巻はもっとも成立が早く、その基礎となる思想がうかがわれるところである（曾根原、二〇〇八）。

そこでは『山家要略記』などに基づく山王神道の理論が根底に置かれ、「いわゆる山王権現は、天地人の本命元神《ほんみようのげんしん》なり……一切諸神は皆山王の分身なり」などと、山王神の根源性を主張する。しかしそれだけでなく、従来の山王神道に対して、天海の記す神道は、現世利益を強く表に出している。「君、今、東照大権現正一位と顕われ、剰《あまつ》さえ現世安穏《げんぜあんのん》後生善処《ごしょうぜんしょ》の法を覚り、家門繁栄し、氏族永栄す」と言われるように、そこでの重点は、家門繁栄、氏族永栄に置かれている。家康が神となるのは、徳川家の繁栄が長く続くのを見守り、助けようというのである。

このような現世主義は近世の特徴とも言えるが、そこには中世の本覚《ほんがく》思想の影響があるのではないかと考えられる。本覚思想は中世の天台宗を中心に発展した思想で、煩悩即《ぼんのうそく》菩提、生死《しょうじ》即涅槃《ねはん》のような思想を展開させ、煩悩のまま、生死のままで悟りを体現しているので、世俗の他に仏道修行は不要だと主張するものである。先の鈴木正三《すずきしょうさん》の世法即仏法もこのような流れに立つものである。東照大権現の思想もまた、このような世俗重視的な立場に立つものである。東照宮が本覚思想と関係深いことは、そこに東照大権現、山王神とともに摩多羅神《またらじん》を祀ったところにも現れている。摩多羅神は中世の本覚思想の檀那《だんな》流の玄旨帰命壇《げんしきみようだん》の本尊であり、芸能神でもあるとともに、性的な要素も多分に含んでいる（川村、二〇〇八）。

近世の仏教は現世化していくところに特徴があるが、その出発点においては、中世の本覚思想の影響が大きかったと考えられる。中世から近世への転換に際して、本覚思想の果たした役割はもう一度検討が必要となりそうである。

儒教と仏教

すでに述べたように、今日では江戸時代が儒教の時代だと単純に言えなくなっている。仏教だけでなく、近世初期の政治思想の形成には、「太平記《たいへいき》読み」と言われる『太平記』をテキストにした講釈が大きな影響を与えたことが指摘されている（若尾、一九九九）。そうは言っても、当時最大の影響力を持ったのは仏教であっただろう。それだけに、当時勃興しようとしていた儒教にとって、仏教と対決することが最大の課題となった。

近世儒教の形成

儒教はもともと律令時代以来、明経家《みようぎようけ》といわれる清原氏・中原氏の家学として継承されてきたが、中世には五山の禅僧が中国の新しい文化を輸入する中でいち早く取り入れ、

図３　林羅山（狩野探庵筆）

その講義も行なうようになった。近世初期に仏教から独立した儒教独自の立場を打ちたてようとした藤原惺窩《ふじわらせいか》（一五六一—一六一九）、林《はやし》羅山《らざん》、山崎闇斎《やまざきあんさい》らは、いずれもともとは禅寺で基礎の素養を積んでいる。中国においても、朱子学のもとを作った朱熹《しゅき》（一一三〇—一二〇〇）はもともと禅の影響を受けながら、それを脱して新しい儒教の確立に至っている。仏教から儒教へという流れは、中国・日本、さらには朝鮮においても共通している。

惺窩はもと冷泉《れいぜい》家の出身。相国寺《しょうこくじ》に入って朱子学を学び、明《みん》に渡ろうとしたが失敗した。しかし、朝鮮から慶長の役の捕虜として来日した儒者姜沆《きょうこう》と親交を結び、朱子学へと沈潜していくことになった。慶長五年（一六〇〇）関ヶ原で勝利を得た家康が上京した折に、儒服を着て謁見し、儒者であることを表明した。「もし諸儒儒服を服せず、儒行を行はず、儒礼を講ぜざる者は、何を以て妄《みだ》りに儒と称せんや」（「林秀才に答ふ」、『惺窩先生文集』）と自ら言うように、儒服を着るということは、儒者であることの証明となる重要な象徴的行為であった。羅山もまた儒服を着たが、その後、その習慣は廃れていく。そのことは儒者が僧侶のような独自の集団を作れなかったことを意味する。「儒行」「儒礼」もまた、独自のものとして確立せず、儒教は倫理教説という面が強調されるようになっていく。

そもそも惺窩が仏教を捨てて儒教に入っていったのも、世俗の倫理という観点からであった。惺窩は、「我、久しく釈氏に従事す。しかれども心に疑ひあり。聖賢の書を読みて、信じて疑はず。道、果してここにあり、人倫の外ならんや。釈氏は既に仁種を絶ち、また義理を滅ぼす。これ異端たる所以《ゆえん》なり」（「惺窩先生行状」、『羅山林先生文集』）と考えて、仏を棄て儒を取ったという。もともと朱子学はきわめて高度な形而上学《けいじじょうがく》を有するものであったが、日本の儒教はその点には深い関心を持たず、もっぱら世俗倫理という点に焦点を当てた。人間世界を超えた宇宙論的な世界の構造という問題は、むしろ蘭学《らんがく》を通して地動説など西洋科学を受容する中で問題となった。

図4　松永貞徳（『肖像集』）

羅山と貞徳の儒仏論争

儒教側が世俗倫理という観点から仏教を攻撃するが、仏教側もまた世俗倫理を説いている。すでに見たように、鈴木正三の場合など顕著であり、その後の近世仏教の特徴となる。それ故、それだけでは必ずしも両者の区別は出てこない。それではどこが違うかというと、儒教が現世の一元論に立つのに対して、仏教がそれを超えた世界を説くことである。

この点を見るのに、羅山と松永貞徳《まつながていとく》（一五七一―一六五三）の間に交わされた『儒仏問答』は甚だ興味深い。貞徳は俳人として知られるが、同時に不受不施《ふじゅふせ》の日蓮宗の熱心な在家《ざいけ》信者であった。羅山とは親しく、一緒にキリシタンのハビアンと面会したりしている。当時の開明的な京都のサークルの仲間と言えよう。貞徳の子の尺五《せきご》は惺窩の弟子の儒者である。その羅山と貞徳との間で儒仏の優劣を争ったのがこの問答である。両者の間ではしばしばこの問題をめぐってやり取りがあったと考えられるが、本書は、羅山が十八条の仏教批判をしたのに対して、貞徳が逐一反論して、最後にさらに貞徳が自らの論点を要約している。

本書はこのように十八条にわたり、多岐な問題が論じられている。たとえば、聖徳太子の評価など、歴史をどう見るかということで、後世にまで引き継がれるような大きな問題もあるが、ここでは、現世主義か、それとも現世を超えたものを認めるかという論点について見ておこう。第十八章は、儒教の根幹をなす「理《り》」の問題を正面から扱っている。そこで羅山は、「畢竟《ひっきょう》仏氏は、陰陽開闔《かいこう》変化聚散《しゅうさん》の理を知らざるなり。何を以てか与《とも》に道を言ふに足らん」と、仏教者はものの変化する「理」を知らないということを問題にする。それに対して、まさしく「儒道の本《もと》は理を究むるに在り」と言われるように、そこに儒教の根本があるというのである。

それに対して貞徳は、「儒者こそ、無常変易《へんえき》の世に生れて、自然生《じねんしよう》と思ひ、三世《さんぜ》の有事《ある》をしらず。一念を妄念にて送れ（ば）、因果を感じて、流転尽《つく》る事なけん」と答える。儒者は理と言っても、所詮現世に限るために、事物の真の因果を知らず、自然生（因果なくして生ずる）という考え方に陥ってしまう。そのために輪廻《りんね》の世界に流転することになるというのであり、三世を認めるかどうかという点に、仏教と儒教の違いがあるとしている。

来世があるかどうかということは、儒家の間でもその後大きなアポリアとして残る。なぜならば、後世がなければ、儒教の祖先祭祀も意味をなさないことになるからである。霊魂が死後も存在するか否かは、鬼神《きじん》論として近世の思想史の重要な課題となる（子安、二〇〇二）。後に、平田篤胤《ひらたあつたね》は復古神道の立場から鬼神を重視し、神道の死後観を確立しようとした。このように、現世主義に立つか、三世主義を取るかは、儒教と仏教の大きな違いであるが、単純に仏教の三世主義を前代の遺物的なものと否定できないところがある。

第十八問答で、貞徳はさらに大胆な儒教批判を展開する。「儒者の格物致知といふハ、学問の上に、其《その》書の義理をよくすます事、其上にハ、天地の中にある、五行と、五常のそむかぬ、万物一体の処などの事也」と批判している。即ち、儒者の真理探究は所詮学問上だけのことで、しかも、「万物一体」というこの世界のことに限られているというのであ る。それでは、「狐狸《こり》のする事をも、ゑしり給はじ」。まして天眼通《てんげんつう》、羅漢《らかん》通、仏の神通《じんづう》など、何としてか、はかりしらん」。即ち、狐や狸のしわざでさえ、儒者の理屈からは説明できないのであるから、まして仏教の神通力のような不思議は理解を超えていると批判する。ここでも、現世内に留まる儒教に対して、仏教側は現世の秩序を超えた次元を認めるところに優越性を見出そうとしている。

世俗倫理に関して、第十五問答で、羅山は「夫婦の道なくハ、一天下の間に、男ハ皆々出家して僧になり、女ハ又尼になりて後、天地の中に、人一人もなくて然るべきか」と非難する。世俗を捨てて出家することは、中国以来、仏教に対してしばしば指摘される批判であった。それに対しても、貞徳は、「儒学儒書の上にも、国道なき時ハ、かくるとて、住所親類朋友財宝をすてゝ、竹林の七賢《しちけん》、商山の四皓《しこう》がごとき者、世をのがれずや」と、中国でも世俗を捨てて山に隠れることがあるではないかと反論する。

このように、儒教側の批判に必ずしも仏教側が一方的に受け身になっていたわけではなく、少なくとも近世初期には十分に有効な反論をなしえていた。とりわけ、世俗化していく情勢の中で、仏教もそれに対応しつつも、世俗を超えた来世や異次元の存在を認めるところに儒教と異なる独自性を見出そうとしている。このことは、仏教が知識人の間だけでなく、むしろ民衆の中に定着していく根拠となったものと思われる。

神道への対応

ちなみに、『儒仏問答』では取り上げられていないが、神道への対応もまた、しばしば儒教と仏教の論争の大きな論点となった（末木、二〇〇八）。羅山は、理当心地神道《りとうしんちしんとう》を唱え、神道とは朱子学の理に他ならないと主張した。これは、一方で吉田《よしだ》神道に対抗するとともに、他方で天海《てんかい》の山王《さんのう》神道にも対抗しようというものであった。神道理論としては、必ずしも広く受け入れられたものではないが、重要なことは、それと関連して『本朝神社考《ほんちょうじんじゃこう》』を著わし、神社を神仏習合から解放して、神道を歴史的な観点から純粋化して理解しようとしたことである。

それは、本書の序に、「夫《そ》れ本朝は神国なり。神武帝、天を継ぎ極を建てし已来《いらい》、相続き相承《う》けて、皇緒絶えず、王道惟《ここ》に弘まる」とあるように、神国としての日本を「皇緒絶えず」というところに見、神道を天皇と結びつけようとするものである。それは北畠親房《きたばたけちかふさ》の『神皇正統記《じんのうしょうとうき》』などに続くものであるが、「本地《ほんじ》は仏にして、垂迹《すいじゃく》は神なり」などと主張するような、「神社・仏寺をして混雑して疑はず」という立場を明確に否定するところに特徴がある。このような神仏習合の否定はやがてナショナリズムと結びつき、近世末の尊王攘夷《そんのうじょうい》と仏教排撃へと繫がっていく。

それに対して、仏教の側から論難した真言宗の寂本《じゃくほん》（一六三一―一七〇一）は、「聖道無方、神化無外なり。何ぞ西天《さいてん》・東域・法・俗の異を言わんや」（『神社考弁義』巻上）と、真理は国にとらわれないという開明的な態度を示し、「もし異域の教を嫌わば、則《すなわ》ち仁義の教、本朝に行うべからず」と、儒教もまた異域から来たものだという的確な批判をしている（末木、二〇〇八）。このように、近世初期にはまだ仏教のインターナショナリズムがある程度説得力を持つ余地があった。

開かれた近世

キリシタンの時代

キリスト教との出会い

キリスト教の伝来とその布教は日本の文化に大きな衝撃と影響を与えた。仏教が大陸から伝来して以来、初めて外から大きな宗教が渡ってきたのであり、これまで知られていたのとは全く違う発想と正面からぶつからなければならなかった。しかも、その新しい宗教は、同時に豊かな南蛮の物質文明を伴っており、それより少し前に伝えられた鉄砲という新兵器とともに、日本の文化を大きく変えることになった。

当時、ヨーロッパは宗教改革の嵐を受けて、それに対抗するカトリックの改革運動が活発化し、とりわけイグナティウス・デ・ロヨラ（一四九一―一五五六）によって一五三四年に結成されたイエズス会は積極的な宣教を使命として、世界の各地に宣教師を派遣した。その中心となり、東洋への布教を志したのがフランシスコ・ザビエル（シャヴィエル、一五〇六―五二）であった。ザビエルはインドのゴアを中心に布教していたが、鹿児島出身の日本人アンジロー（またはヤジロー）と会って日本布教を志し、天文十八年（一五四九）、鹿児島に上陸した。

ザビエルは当初、日本に非常に好意的で、「この国の人びとは今までに発見された国民の中で最高」（第九〇書簡）と称賛し、福音《ふくいん》の可能性に大きな希望を持っていた。ザビエルは鹿児島から山口に行き、それから京都に上り、また山口に戻って、さらに豊後に移動するというように、精力的に各地で布教を続け、信者を増やした。しかし、その活動が活発になるにつれて、仏僧や一般の人たちの抵抗は強いものになり、その批判に

図5　フランシスコ・ザビエル（神戸市立博物館所蔵）

対抗しなければならなくなった。

ザビエルは天文二十年（一五五一）、二年間の慌ただしい日本滞在を終えてゴアに引き揚げるが、その後、日本布教の困難を思い、まずそれより先に中国に布教する必要を痛感し、広東近くの上川島にまで至って亡くなった。ザビエルは日本を引き揚げた後、インドのコーチンで日本布教の総決算に当たる長大な書簡（第九六書簡）を書いている。そこでは、「日本人はたいへん立派な才能があり、理性に従う人たち」と誉《ほ》めながらも、最初の好意的な印象と対照的に、日本の仏教を批判し、日本人がキリスト教に対して抱く疑問を詳しく記している。

日本人の抱いた疑問として顕著なのは、神による天地創造であり、また、神が全能であるならばどうして悪が存在するのか、とか、あるいは永遠の地獄というのはあまりに残酷ではないか、というような問題であり、後々まで仏教者がキリスト教に対して投げかける基本的な問題はすでに出揃っているということもできる。

ザビエルに対抗した仏教には九つの宗派があったという。「九つの宗派のうちの一つは、人の霊魂は動物の魂のように滅亡するといっています。他のすべて〔の宗派〕では、このような説を認めず、この宗派をつまらないものとしています」。この「一つの宗派」というのは禅宗と思われる。ザビエルは、釈迦と阿弥陀を仏教の創始者と見ているが、最終的にどちらも実在した人間ではなく、「二つの悪魔」であるという結論に至った。

なぜなら、彼らは一〇〇〇年、または二〇〇〇年も生きたと書いていますし、釈迦は八〇〇〇回も生まれ変わりました。そのほかにも不可能なことがたくさん書かれています。それゆえ、人間ではなく、まったく悪魔たちの作りごととしか考えられません。

天文二十年（一五五二）九月にザビエルが山口を退去してから、仏僧の攻撃はいっそう強まり、後に残ったトーレスと通詞《つうじ》フェルナンデスがその矢面に立たされることになった。そこで行なわれた論争が「山口の宗論」と呼ばれるが、じつは一回限りの論争というわけではなく、むしろ波状的に執拗に繰り返された論争を総称するものと考えるべきである（シュールハンマー、一九六四）。

その主要な問題点は、一五五一年十月二十日のザビエル宛てフェルナンデス書簡に記されているが、ザビエルにおいては見られなかった相互の教義上の問題点のやり取りが詳細に残されている点で貴重である。その中でも、特に禅宗の僧侶と俗人たちとの議論が詳しいことは注目される。禅僧たちは、「聖者たちはいない。したがって聖者への道を求めることはまったく必要がない。というのは、存在は無から生じたのであるから、ふたたび無に帰る以外に方法はないから」と主張したという。

ここではじめて、キリスト教的な「有」に対立する禅の「無」の立場がはっきりと表明され、それは後の『妙貞問答《みょうていもんどう》』などにも引き継がれる。フェルナンデスによれば、最終的に、「生命のないものは、他物がそれを動かすのでなければ自分から動くことはできない」のだから、原因としてのデウスが存在しなければならないというキリスト教側の主張に、禅僧たちは答えることができなかったという。

すでに述べたように、中世の終り頃には仏教や神道でも最高神を求める傾向が見られ、そうした流れの中にキリスト教が受け入れられたが、それにしてもこのような創造神は日本人の常識を超えるものであった。他方、両者の議論の中では、キリスト論はほとんど問題になっていないことが知られる。キリスト以前に一神教的な創造神が問題とされなければならなかったのである。

キリシタンの広まりと禁制

宣教師たちの努力によって日本のキリスト教徒は急速に増えていった中で、キリスト教側も次第に日本語の教理書を整え、日本に適応した布教方針を採用するようになった。この点で、とりわけヴァリニヤーノ（一五三九—一六〇六）が果たした役割は大きい。さまざまな南蛮渡来の珍しい物品とともに、キリシタン版の刊行による印刷文化の普及など、キリスト教が当時の日本の文化の中で果たした役割はきわめて大きなものがあった。こうしたことから、中世末から近世初期にかけて、大名や富裕な商人、文化人たちが次々と洗礼を受け、キリシタンとなった。とりわけ茶人でもあった高槻《たかつき》城主高山右近《たかやまうこん》（一五五二―一六一五）の入信は大名や茶人などの知識層に大きな影響を与えた。

ただ、キリスト教の思想が十分に成熟して理解される以前に弾圧にあったことから、中国での典礼論争のような大きな論争にまで至ることはなかった。中国では、ザビエルの遺志を受けて日本より遅れて宣教が開始されたが、とりわけマテオ・リッチ（一五五二―一六一〇）は、中国名利瑪竇《りまとう》を名乗り、儒服を着るなど、中国の文化に溶け込み、儒教を認めながらキリスト教に導くという方法を取って、中国の知識人に大きな影響を与えた。しかし、そのようなイエズス会の方針に反対した宣教師たちは、中国式の儀礼を用いることを批判し、大論争の末、一七一五年教皇クレメンス十一世は中国式の儀礼を禁止し、最終的に一七七三年にイエズス会が解散するに至った（岡本、二〇〇八）。このようなキリスト教会内部の路線闘争は日本では起こらなかった。

キリシタンの広がりに対して、秀吉は天正十五年（一五八七）に突然伴天連《ばてれん》追放令を発令し、キリシタン弾圧の出発点となった。それにはさまざまな原因が考えられるが、キリスト教が強大化して政治的な勢力となる危険や、キリスト教を先兵とした軍事的な侵略を恐れたことなどが指摘されている。それに対して、秀吉が追放令の中で日本を「神国」と表明したことは、徳川幕府においてもキリシタン排撃の根本原則として踏襲され、いわば日本の宗教的なアイデンティティを表わす言葉となっていく。ただし、先に見たように、その場合の「神国」は神仏の共同を意味するものであり、必ずしも日本の優越を意味する「神国」論ではない。

もっとも徳川の時代になっても、直ちに必ずしも厳しい禁教策が採られたわけではない。具体的に禁教へと踏み出したのは、慶長十七年（一六一二）のことであり、慶長十八年に至ると、弾圧は激しさを増し、ついに十二月に最終的ともいえる伴天連追放文を発布した。そこではやはり日本神国論の立場から、キリシタンを「邪法にあらずして何ぞや。実に神敵・仏敵なり。急ぎ禁ぜずば後世に必ず国家の患《うれい》あらん」と、厳しく糾弾するようになった。

鎖国体制

キリシタン禁止はやがて家光《いえみつ》の代に寛永十四―十五年（一六三七―三八）の島原《しまばら》の乱《らん》を経て、寛永十六年の鎖国の完成にまで至る。それは同時に、まさしく神仏の体制の完成であり、一方で家康の神格化がなされると同時と、他方で寺請《てらうけ》制度による仏教による統治体制が完成された。キリスト教という特定の宗教を残虐な迫害によって禁圧するという方針は決して許されるものではないが、善悪を別としてそこで完成された神仏の体制は、ある面では今日の日本をも縛るような日本の宗教体制の基盤となっていく。

ところで、鎖国というと、ともすれば日本が海外の動きから取り残され、孤立化したかのように思われがちである。それに対して、鎖国の故に、日本は欧米の侵略を受けずに独自の文化を維持できたという肯定論もある。いまは鎖国の是非論には立ち入らない。ただ、鎖国のイメージによって、近世の文化が閉ざされたものと考えられるならば、それは誤っている。鎖国以前の近世初期は日本が世界に開かれた画期的な時期であったが、それが鎖国によって簡単に消滅してしまうわけはない。長崎という窓口を通して、日本の知識人は貪欲に西洋の文化を摂取しようとしたし、また、明《みん》・清《しん》代の中国との交流も過小評価することはできない。近年注目されている朝鮮通信使のように、朝鮮との交流も日本に大きなものをもたらした。そう考えれば、近世は限定した窓口を通しながらも、世界に開かれた文化を生んだ時代であったと言うこともできる。仏教もまた、必ずしも幕府の制約に縛られて萎縮していたとは言えず、世界の動向と必ずしも無関係ではなかった。その一端をさらに考えてみよう。

キリスト教と仏教の論争

仏教とキリスト教の論争は、すでにザビエル以来始まっており、「山口の宗論」では両者の根本的な有と無の立場が浮き彫りにされるまでに至っていた。仏教側にとってもキリスト教はこれまでにない驚くべき教えであったが、キリスト教側にとっても日本の仏教は思いがけずに手ごわい相手であった。しかし、書物として残された本格的な議論ははるかに遅れ、しかもキリスト教が弾圧されたために、必ずしもその議論が十分に成熟したとは言い難い。その中にあって、大きく輝いているのが日本人のイエズス会士不干斎《ふかんさい》ハビアン（巴鼻庵、一五六五—一六二一）の著『妙貞問答《みょうていもんどう》』三巻（一六〇五）である（釈、二〇〇九）。

ハビアンの『妙貞問答』

ハビアンはもともと大徳寺で学んだが、十九歳のときにキリシタンとなり、キリシタン版の『平家物語』の編集などに優れた才能を示した。『妙貞問答』は、仏教のみならず、儒教や神道をも批判してキリスト教の立場を主張しようとした広範な著作であり、本書によってハビアンは一躍論客として知られることになった。慶長十一年（一六〇六）には松永貞徳《まつながていとく》を介して林羅山《はやしらざん》と対面して問答を交わしている。

ところが、ハビアンはその後、慶長十三年に棄教して出奔《しゅっぽん》している。当時まだそれほど禁教の圧力が強かったわけではないから、外から強要された転向ではない。棄教の理由は明確には分からないが、女性問題とも言われる。その後、長崎でキリスト教を批判する『破提宇子《はだいうす》』（一六二〇）を著して、禁教下の反キリスト教キャンペーンに一役買っている。

ハビアンに関する研究は必ずしも十分に進んでいない。それは、一つには長い間『妙貞問答』が不完全な形でしか知られておらず、無くなったと思われていた上巻が発見されて紹介されたのは一九七四年で、一般の人が読みやすい注釈つきで刊行されたのは一九九三年にまで下るからである。しかしそれだけでなく、キリスト教の立場から他教を批判した本を著しながら、棄教してから逆にキリスト教批判に転じたところが、いかにも軽薄な時流便乗家のように見え、その著作も真剣な検討に値しないかのように思われたということもあるであろう。ハビアンがようやく思想史上で再検討を要する思想家として浮上してきたのは、ごく最近のことに属する。

『妙貞問答』巻上に見られるハビアンの仏教批判は、諸宗にわたって詳細に論じられているが、最終的に仏教は「無」に帰着するというところに集約される。浄土宗も含めて、「諸宗何《いずれ》モ、極《きわ》テハ、仏モ衆生モ地獄モ極楽モナシト云処ヲ、宗々ニ名ヲカヘテ色々ニ申《もうす》斗也《ばかりなり》」（浄土宗の項）というのが、その結論である。これは「山口の宗論」におけるキリスト教側の仏教批判を継承するもので、それを詳細に展開し、論証しようとしたところに本書の面目があると言える。

仏教的な唯心論を強調すれば、外なる世界の実在に疑問が投げかけられることになるのは事実である。しかし、それは他方で現象としての世界を否定するものではない。しかし、このような仏教の世界観は、キリスト教やギリシア哲学の伝統に立つ西洋人に分かりやすいものではなかった。西洋では長く仏教は虚無に陥るニヒリズムとして嫌悪され続けた。神の存在の絶対性を主張するキリスト教の立場からは、ニヒリズムはまさにその根幹を否定する悪魔の教えに他ならなかった（ドロワ、二〇〇二）。

ちなみに、ハビアンと対峙《たいじ》してキリスト教を批判した林羅山は、仏教を批判するときには、「二氏（仏家と道家――引用者注）の云ふところの道は、果して虚無にして無、寂滅《じゃくめつ》にして滅なり」（「釈老」、『羅山林先生文集』巻五六）と、仏教と道教をともに虚無に帰するものと論じている。ハビアンもまた、「儒者ハ尺道（釈家《しゃっけ》と道家――引用者注）ノ二教ヲバ虚無寂滅ノ教ト云イテ、甚《はなはだ》嫌ハレサフラウ」（『妙貞問答』巻中）と、この点では儒者を評価している。儒家が仏・道を無の教えとして批判するのは朱子にも見えるところで、甚だ興味深い。なお、ハビアンは『破提宇子』になると、「無ノ一字ニモ不可思議ノ謂《いわれ》アリ。……無智無徳コソ真実ナレ」と、「無」を積極的に評価する立場に転じている。

ところで、『妙貞問答』を読んでいくと、ハビアンの関心が単に知的、理論的なものに留まらないことが知られる。彼の仏教批判は諸宗を順に検討していくが、禅宗においてその「無」の立場が窮まり、その後に浄土宗へと進んでいる。浄土宗の求めるところは「現世安穏、後生善所」であるが、仏教の立場に立つ以上、極楽であっても本当の実在ではないから、それでは「後生善所」の願いは達せられないことになる。本当の「後生善所」はキリスト教にあってはじめて可能になるというのであり、そこから下巻のキリスト教の教義の概要へと進んでいくという展開になっている。

そう見ていくならば、本書でのハビアンの論法は一貫している。「現世安穏、後生善所」を求めるという仏教的な志向から出発しながら、それを真に実現する教えとしてキリスト教に到達するのである。キリスト教は外から強引に与えられるものではなく、仏教の展開上に必然性を持って受け止められることになる。それ故、キリスト教の流行には当時の日本の思想史から見た必然性があったということができる。

キリスト教批判の諸相

ところが、西洋から来た宣教師を中心とするキリスト教側は、中国の場合のように大胆な日本化に踏み切れなかった。『破提宇子』では、「(南蛮人は——引用者注)高慢ナル者ドモナルガ故ニ日本人ヲバ人トモ思ハズ。……向後《こうご》ハ日本人ヲ伴天連《バテレン》ニナスコト勿《なか》レトノ義ニテ、皆面白クモ存ゼズ」(『破提宇子』夜話)と、西洋人中心の教会運営への不満を述べている。そのような不満はハビアン一人には留まらなかったであろう。それがキリシタンへの不信につながり、「王法ヲ傾ケ仏神ヲ亡シ、日本ノ風俗ヲノケ、提宇子《だいうす》、己《おの》ガ国ノ風俗ヲ移シ、自ラ国ヲ奪ントノ謀《はかりごと》ヲ回《めぐ》ラスヨリ外、別術ナシ」(同第七段)という批判が、ある程度納得して受け入れられる素地を作ったということもできよう。

キリスト教からの日本の思想・宗教への本格的な批判が『妙貞問答』だけなのに対して、日本側からのキリスト教批判は、幕府の禁教政策とも絡んで少なくない。これらは排耶書《はいやしょ》と呼ばれる。ハビアンの『破提宇子』は、七段にわたり、デウスの創造神としての性格から、霊魂、悪魔、原罪など、キリスト教の教義に通じた著者だけに、その教義にかなり深く立ち入った批判を展開している。ハビアン以外では、鈴木正三《すずきしょうさん》の『破吉利支丹《はきりしたん》』、雪窓《せっそう》宗崔《そうさい》（一五八九―一六四九）の『対治邪執論《たいじじゃしゅうろん》』が代表的なものである。いずれも仏僧なのは、彼らがキリシタン弾圧下のイデオロギー形成の中心として関わったからである。正三は弟の重成《しげなり》が島原の乱後の天草奉行となったのを助けて天草に赴いているし、雪窓は臨済《りんざい》宗妙心寺の住持ともなっており、幕府とも関係が深く、長崎に赴いて排耶活動に従事している。

『破吉利支丹』では、「きりしたんの教に、でうすと申《もうす》大仏、天地の主にして、万《よろず》自由の一仏有《あり》」と書き出されており、あくまで「でうす」も「仏」であり、従って「きりしたん」も仏教の一部という理解に立っている。『対治邪執論』もまた、「是寸須《ぜすす》（イエス――引用者注）釈氏に帰依《きえ》して名相を学び、みずから邪見を起して外道《げどう》をなすは必せり」と、キリストの教えは仏教から発した邪見の外道であるという見方を示している。このように、もはやキリスト教は仏教と対峙する外なる他者ではなく、仏教の中に取り込まれ、あるいはそこから派生した外道に過ぎないものに落ち込んでいる。「正しく此《この》でうすは、たはけ仏也」（『破吉利支丹』）と叱責されるのである。

ここから、残虐な迫害も、「公儀よりの御制罰に、あらず。彼等天道を掠《かす》め奉り、偽《いつわり》を構へ、無数の人を地獄へ引入たる、悪逆無道の自業自滅」（同）と見られることになる。彼らが迫害にあうのも、自分たちが悪いから自業自得の罰を受けるのであり、迫害する幕府が悪いわけではないというのである。それ故、「数多《あまた》のばてれん、此国のきりしたん宗、数を知らず、死罪に逢ふといへども、何のたゝり有や。彼等幾度来るとも、天道のあらん限りは、皆々自滅せん事疑ひなし」（同）と、何度やってきても死罪になるのが当然と、迫害が正当化されることになる。もはやキリスト教が独立した思想としての力を発揮できる可能性は完全に失われてしまった。

それでは、キリシタン弾圧によって、その影響は途絶えたのであろうか。西洋の文物、科学は長崎を通して貪欲な日本の知識人たちによって吸収され、蘭学として近代を準備する基盤を作ることになった。それればかりでなく、禁教下でもその影響が必ずしもなくなったわけではなかった。もちろん、隠れキリシタンとして苦難の道を歩んだ信者たちもいた。しかし、それればかりでなく、マテオ・リッチの『天主実義』もまた、禁書でありながら、ある範囲に流通していたことは確かであり、とりわけ平田篤胤《ひらたあつたね》がその影響を受けたことが知られている。奇妙なことに、仏教を飛び越えることで、キリスト教と神道が結びつくことになる。その思想史的な意味については、今後の検討を要することである。

黄檗宗のもたらしたもの

明末仏教の隆盛

鎖国下における海外の影響というと、オランダを通して入ってくる西洋文化の影響ということがまず頭に浮かぶ。それに較べて、中国や韓国との交流がもたらしたものについては、それほど知られていない。しかし、長崎はオランダ貿易と同時に中国貿易の基地でもあり、そこから入ってくる新しい中国文化の影響は決して無視できるものではない。

時あたかも江戸幕府の成立期は、中国では明《みん》から清《しん》への転換期でもあった。一六一六年に女真族《じょしんぞく》（満州族）のヌルハチ（太祖）が後金国《こうきんこく》を建て、一六三六年に国号を清と改めた。一六四四年には李自成《りじせい》の反乱によって崇禎帝《すうていてい》が自害して明が滅び、清は都を北京《ペキン》に移して統一王権を確立した。その後も南部に明の残存勢力が抵抗を続けたが（南明）、もはや大きな勢力となることはできず、一六六二年に永暦帝が殺害されて終結した。

この明末清初の動乱が日本でも大きな関心を持って見られた一つの理由は、明の抵抗勢力の中心となった鄭成功《ていせいこう》（一六二四—六二）が、日本人を母として幼時を平戸で過ごしていたということによる。鄭成功の活躍は近松門左衛門によって『国性爺合戦《こくせんやかっせん》』として描かれ、人形浄瑠璃《じょうるり》や歌舞伎で親しまれることになった。もともと日本は中国の南方との関係が深かったこともあり、日本は南明との関係を深め、十七世紀後半にはその文化が多く流入することになった。その中心となったのが、隠元隆琦《いんげんりゅうき》（一五九二—一六七三）による黄檗宗《おうばく》の伝来であった。

中国仏教というと、従来、六朝《りくちょう》期を準備期として、隋・唐代にもっとも隆盛に達して、その後は衰退すると考えられてきた。日本における近世仏教堕落論と同じで、とりわけ明代以後の仏教は創造性を持たず、考察に値しないものとして、ほとんど顧みられることがなかった。確かに宋代に朱子《しゅし》学が現れて以来、儒教の復興が著しく、また、道教も体制を整備して勢力を拡大したこともあって、仏教が主流の宗教とは言えなくなった。しかし、そのことはただちに仏教の衰退とは言えない。むしろ明代以後、仏教は儒・道とも習合しながら、民衆の中に定着していくのである。とりわけ明末は雲棲袾宏《うんせいしゅこう》（一五三五―一六一五）をはじめとする四大師と呼ばれる高僧の出現で、仏教復興の機運の高まった時期であった。ところが、明代以後の仏教の特徴である諸教の融合、禅と念仏の融合、現世利益などが、近代になって不純なものと考えられ、否定的に見られるようになったことによって、この時代の仏教は十分な評価を得られなくなってしまった。隠元はまさしくこの新しいエネルギーに満ちた明代仏教を伝えたのである。

図6　隠元隆琦（長崎・興福寺所蔵）

隠元の来日

隠元は福建《ふっけん》省の出身で、母の死後二十九歳のとき、故郷に近い黄檗山万福寺で出家した。その後、嘉興《かこう》（浙江《せっこう》省）金粟《きんぞく》山の密雲円悟《みつうんえんご》に師事し、密雲に従って黄檗山に戻った。密雲が黄檗山を去っても、隠元は密雲の弟子費隠通容《ひいんつうよう》に従って黄檗山に学び、費隠から印可を受けた。こうして崇禎十年（一六三七）、隠元は黄檗山の住持となり、その後一時離れたことがあったが、黄檗山の復興に目覚しい働きを示した。その隠元の活動に目を付けた日本側の度々の招請で、隠元は承応三年（一六五四）、鄭成功の仕立てた船で、弟子たちとともに日本に出発する。あえて老齢の身で祖国を離れるのはよほどの覚悟があってのことであるが、そこには祖国の混乱を目の前に、新しい活動の場を日本に求めたということがあったであろう。

当時の日本側の情勢を見ておくと、長崎の唐人たちのために、一六二〇年代に興福《こうふく》寺・福済《ふくさい》寺・崇福《そうふく》寺の三つの寺院が中国様式で建てられ、いずれも中国から住持を招いて、中国式の修行や儀礼を行なっていた。その中でも、崇福寺第三代住持となった道者超元《どうじゃちょうげん》（一六〇二―六二）はもっとも名高く、不生《ふしょう》禅で有名な盤珪永琢《ばんけいようたく》（一六二二―九三）や曹洞《そうとう》宗の復興者独菴玄光《どくあんげんこう》（一六三〇―九八）をはじめ、日本の禅僧たちも多く参じて、新しい潮流を作るに至っている。道者は隠元の来日により引退したが、隠元一派と折り合いが悪く、結局万治元年（一六五八）に帰国した。

このように、日本側も仏教復興の機運の中で、盛んに中国の新しい動向を学ぼうとしている。隠元の来日はまさにこのような時期に実現したのであり、日本側の期待も大きいものがあった。来日後、長崎の興福寺と崇福寺で安居《あんご》を行ない、中国僧のみならず、日本僧もそこに加わり、隠元の声望はますます高まった。こうして鎖国下で異例のこととして、明暦元年（一六五五）には大坂の普門《ふもん》寺に招かれ、万治元年（一六五八）には江戸で将軍家綱《いえつな》に謁見している。中国からは度々帰国を促され、自身も揺れ動いていたが、遂に宇治に新寺を建立することになり、寛文元年（一六六一）に、中国の寺と同じ名前の黄檗山万福寺に晋山《しんざん》した。

こうして黄檗山万福寺は、京に近い位置を占めながら、中国人の僧侶が住持となって、中国風の儀礼や修行、日常生活を堅持しながら、中国僧と日本僧がともに学ぶという、独特の宗風を確立した。隠元の後は、ともに来日した木庵性瑫《もくあんしょうとう》（一六一一—八四）が継ぎ、その後も第一三代までは中国僧が住持を勤めている。日本人の隠元の弟子としては、鉄牛《てつぎゅう》道機《どうき》（一六二八—一七〇〇）、潮音道海《ちょうおんどうかい》（一六二八—九五）らが名高いが、鉄眼《てつげん》版大蔵《だいぞう》経を開板した鉄眼道光《どうこう》も隠元に学んでおり、黄檗の流れが新しい仏教文化の揺籃《ようらん》となっている。鉄牛は下総《しもうさ》の椿沼《つばきぬま》の干拓事業を推進し、鉄眼も飢饉の時には救済に尽くすなど、黄檗僧の社会活動には目覚しいものがある。鉄眼版の普及に力を尽くした了翁道覚《りょうおうどうかく》もまた隠元に参じている。さらに、近世の批判的な仏教教学研究を代表する鳳潭僧濬《ほうたんそうしゅん》もまた黄檗に学んでおり、近世仏教の多様な側面がいずれも黄檗に発している。

さらに、煎茶道の確立者とされる売茶翁高遊外《ばいさおうこうゆうがい》も黄檗に連なっており、その文化はきわめて広くにまで及んでいた。とりわけ書画の世界で黄檗一派の清新で力強い作品は大きな影響を与え、狩野探幽《かのうたんゆう》などの狩野派や伊藤若冲《いとうじゃくちゅう》などの個性的な絵画もその刺激によるところが大きい。

隠元の教説

このように、黄檗の影響はきわめて多方面にわたっているが、それは融合的な明代仏教の特徴を隠元がよく生かしたことによっている。隠元は基本的には臨済《りんざい》宗に属し、その禅風はきわめて厳しいもので、仏祖の道に従って自己の本来の仏性を顕現させることが基本となっている。しかし、坐禅《ざぜん》ばかりでなく、経文をも重んじ、念仏を取り入れるなど、狭隘な純粋主義に陥らず、積極的に幅広い活動を認めた。また、後水尾《ごみずのお》法皇をはじめ、多数の公家や大名・幕臣などの俗人にも積極的に教えを説いた。『普照《ふしょう》国師法語』巻下は俗人向けの法語を集めているが、禅の非合理性を打ち出すのではなく、むしろ彼らの疑問に理路整然と答え、納得がいくように仏法を説いている。たとえば、「小浜民部居士《おばまみんぶこじ》に示す」法語では、「貪欲《とんよく》有ることなきも、瞋恚《しんに》・愚癡忽然《ぐちこつねん》と覚えずして生ずる、如何《いかん》」という質問に対して、「貪瞋癡《とんじんち》をして妙用《みょうゆう》を為さしめ」ることの必要性を説いている。即ち、「不可思議の衆生《しゅじょう》を度するは、皆貪瞋癡の功に由《よ》る。若《も》し貪瞋癡なくんば則ち衆生の度すべきものなし」として、貪瞋癡を積極的に生かすべきことを説いている。

浄土や念仏に関しては、「陳道人《ちんどうにん》に示す」法語で、「念不浄なれば極楽に往かず、心不染《しんふぜん》なれば娑婆《しゃば》に来たらず。娑婆・極楽は只当人の心念浄染《しんねんじょうぜん》の間にあり」と、結局のところ、娑婆・極楽の相違は心の染浄に懸っているという唯心主義的なところに帰する。しかし、「独広方《どくこうぼう》居士の七問に答う」法語では、「念一ならざれば極楽に生ぜず、業《ごう》重からざれば地獄に堕ちず」と、常識的な死後の極楽・地獄を受け入れている。「福業に随いて以て昇沈すること、果して虚《むな》しからず」と、業の善悪によって来世が決まるということを認めている。また、「我が仏教の第一は生命を殺すを戒《いまし》む」と不殺生戒《ふせっしょうかい》を重視している。

このように、一方で臨済の公案禅の流れを受けて、厳格な規則（清規《しんぎ》）に基づく生活の中で、厳しい修行を求める一方、俗人には世俗の活動にあわせた教えを説いた。このような臨機応変の多様性や世俗性を重視する姿勢は、明代仏教の特徴であるとともに、日本の近世仏教の特徴ともなるものである。隠元とその門流はその両者を結び、近世仏教の新しい動向を明代仏教の理論で裏づけ、新しいエネルギーを引き出す役割を果たしたということができる。従来、明代仏教も日本の近世仏教もきわめて否定的にしか見られなかったが、それはこのような多面的な活動が不純であるかのように解されたことによる。しかし、見方を変えれば、このような幅広い創造的な活動にこそ仏教の本来の面目があるとも言うことができるのであり、従来の隋唐仏教中心、鎌倉仏教中心の見方は、今日大きく変えられなければならなくなっている。

ケンペル、シーボルトと日本の宗教

ケンペルの日本宗教観

鎖国中の日本にとって、いかに西洋の新しい文明を取り入れるかということは大きな課題であったが、西洋の諸国にとっても、日本の情報をいかにして正確に得ることができるかということは重要な問題であった。かつては宣教師のもたらす報告があったが、それが途絶えた中で、この未知の国に関する情報は決して多くはなかった。そのような状況で、西洋の人々の渇《かつ》を癒したのが、ケンペルやシーボルトの日本に関する著作であった。

エンゲルベルト・ケンペル（一六五一―一七一六）はドイツ人の医師であるが、アジアへの大旅行の末にオランダ商館付の医師として、元禄三年（一六九〇）に長崎の出島に到着し、同五年まで滞在した。その間、二度にわたる江戸参府《さんぷ》の旅行で将軍綱吉《つなよし》にも謁見している。帰国後、主としてペルシアを中心とした旅行記『廻国奇観《かいこくきかん》』（一七一二）を刊行したが、日本に関する大著『日本誌』は原稿のまま遺され、一七二七年にようやく英訳が刊行された。すでに英訳刊行前から、スウィフトの『ガリバー旅行記』（一七二六）に本書が利用されていたと言われ、刊行後には、日本に関する貴重な情報源として、広く用いられることになった。ケンペルは独自の鎖国肯定論など、注目すべき見解を示していたので、早くも蘭学者志筑忠雄《しづきただお》（一七六〇―一八〇六）によってその部分が『鎖国論』（一八〇一）として翻訳されるなど、逆に日本に与えた影響も無視できない。

宗教に関する記述は、『日本誌』の第三部を占め、全七章からなる。

第一章　日本における諸宗教とくに神道について
第二章　神社、信仰および礼拝について
第三章　神道の礼日すなわち祭礼、祭日について
第四章　参宮すなわち伊勢参りについて
第五章　山伏およびその他の宗教団体について
第六章　外来宗教である仏道およびその開祖と仏徒ならびに孔子およびその訓《おし》えにつ

いて

第七章　儒道すなわち哲人、聖賢の教えについて

この章立てから見て分かるように、神道に関する記述がかなりの部分を占め、仏教に関してはごくわずかに留まるところに、ケンペルの特徴があり、それはキリシタン時代の宣教師の報告がほとんど仏教のみで、神道にはごく簡単に触れられたのみであったのと対照的である。仏教に関しては、仏教の起源と釈迦の伝記を記し、続いて極楽・阿弥陀・五戒・五百戒・地獄・輪廻《りんね》などの教説と釈迦の弟子について記すのみで、教理的に深い理解はない。これは当時の日本の知識人の関心が、仏教から離れつつあったということを反映しているであろう。もっとも神道に関しても、「神道学にはこの種の怪奇な作り話や昔物語り的な話が一杯出てくる。神道信徒も神道の教理自体を恥かしがり、嘲笑されて軽蔑されることを怖れ、外国人や仏教徒に対しては、このような神懸った話は滅多にしない」と、その評価は低い。

ところで、ケンペルは独特の日本人起源説を立てている。日本人はバベルの塔の崩壊によって分裂した民族の一つで、はるばるバビロニアから東洋の果てまで至ったというのである。そこから、神道の起源についても、長い旅の間に彼らを導いた指導者たちが崇拝さ

図7　シーボルト

れるようになったというのである。

シーボルト『日本』の宗教記述

フィリップ・フランツ・フォン・シーボルト（一七九六―一八六六）の時代になると、西洋諸国が東洋への進出を狙う時代となり、両者の関係は緊迫してきた。シーボルトもまた、医師として文政五年（一八二二）に出島にやってくる。十一年（一八二八）に帰国するまで、一方で鳴滝塾《なるたきじゅく》を開いて日本人の若者を西洋医学に目覚めさせるとともに、日本に関するさまざまな情報を収集し、それがシーボルト事件に発展することになった。帰国後、日本に関する総合百科全書とも言うべき『日本』を刊行した。その内容は、地理、自然環境から、生活、歴史、宗教、参府紀行、さらには蝦夷《えぞ》・朝鮮・琉球にまで及ぶ広範囲なものである。

その中で、宗教の章はもともと「日本のパンテオン」と題されたように、理論よりも神仏信仰の実態を伝えようと意図されている。その章立ては、以下のようになっている。

〔第一章〕日本における神崇拝（神道）、仏教（仏道）、孔子の教説（儒道）の概観
〔第二章〕日本列島の住民の古代的儀礼である神崇拝（神道）の大要
〔第三章〕偶像崇拝――日本における仏教の低俗な宗教儀礼

シーボルトの場合も、ケンペルと同様に神道のほうが中心になっている。神道に対して、シーボルトはケンペルよりは好意的であるが、仏教に対しては批判的である。仏教に関しては、「高等な教義」と「低俗な教義」に分けて、「後者は民衆の宗教を形成するもので、感覚的な祭祀、偶像崇拝として表現される。前者は僧侶の宗教で、内的、精神的な神の尊崇にもとづいている」としているが、「高等な教義」に関してはほとんど触れられていない。「低俗な教義」に対しては、基本的に偶像崇拝として否定的に見ているが、シーボルトの理解はきわめて不十分なものである。

にもかかわらず、『日本』の中で、仏教の記述はきわめて注目されるところがある。そこでは、普通の仏教信仰でほとんど重視されない傅大士《ふだいし》（経典を納める輪蔵《りんぞう》という装置の発明者とされる）が大きく取り上げられるなど、いささか奇妙なところがある。それは、じつはシーボルトが、土佐秀信《とさひでのぶ》の手になる通俗的な仏像図鑑とも言うべき『仏像図《ず》彙《い》』（初版一六九〇）の増補五巻本（一七八三）を入手し、それを種本として仏教の「低俗な教

義」を解明しようとしているからである。傅大士はその巻頭に掲げられている。『日本』の宗教の巻は必ずしもできのよいものではないが、興味深いことに、付録としてこの『仏像図彙』の全ドイツ語訳が『日本のブッダ・パンテオン』のタイトルで収められ、それには詳細な学術的な注記が付され、さらに原書に掲載されているほとんどすべての図がそっくり再現されている。この部分のほうに本文よりもずっと多くの頁数をさいている。その訳注は、たとえば、地蔵に関して、「中国語の〈地〉大地と〈蔵〉蔵庫とからなる名前は梵語のクシティガルバに対応している」というように、中国語やさらにはサンスクリット語まで遡ってそのもとの意味を探究しており、原著を超えて学術的な成果となっている。

シーボルトの弟子たちの研究

じつは、この『仏像図彙』のドイツ語訳はシーボルト自身の仕事ではなく、助手を務めたヨハン・ヨーゼフ・ホフマン（一八〇五―七八）の仕事であることが分かっている。ホフマンは、もとオペラ歌手志望で、偶然シーボルトに会ったことから日本研究に進んだという変り種で、後にオランダのライデン大学の日本学の基礎を作り、日本語の文法書も著している。添付された図もホフマン自身が用意したものだという。ホフマン自身は日本にきたことはなかった。

ところが、さらに興味深いことに、ホフマンが翻訳する以前からシーボルトは『仏像図彙』に目を付けて、弟子たちに翻訳させていたことが、シーボルトの残したノートから分かる。即ち、『仏像図彙』のドイツ語訳をシーボルト自身がきれいに清書したノートが残されているのである。これはホフマンの訳語とまったく異なっている。シーボルトは日本語を読めなかったので、おそらく日本人の門弟がオランダ語に翻訳したものを、ドイツ語に重訳し、清書したものと考えられる（末木、一九九九）。

それではその最初のオランダ語訳を作ったのは誰か。他のノートに、おそらくはその訳者名と思われる人物のイニシアルが**J. Ts.**と記されていることから、これは長崎の通詞《つうじ》である吉雄忠次郎《よしおちゅうじろう》（一七八八—一八三三）のことと思われる。シーボルトはこのように、日本人の弟子や助手たちを使って、日本の文献をオランダ語に翻訳させたり、オランダ語でレポートを提出させて、それを重要な情報源としていたのである。これは日本人の側にとっては、オランダ語のよい勉強の機会にもなったわけで、どちらにとっても有益であった。ところが、このような情報の提供は国禁を犯す危険を有する。実際、高橋景保《たかはしかげやす》が提供した日本地図をシーボルトが国外に持ち出そうとしたことからシーボルト事件に発展することになり、両者の間の連絡役を務めた吉雄も捕われ、不遇な晩年を送ることになった。

シーボルトの『日本』の宗教の章は、従来ほとんど注目されることがなかったが、このように激動する時代の中で日本側、欧州側の双方のさまざまな人物が関係し、当時の日欧関係の縮図を見るような興味深いところがある。こうして最終的にホフマンによって完成された『仏像図彙』のドイツ語訳は、その後思いもかけないところで利用される。それはエミール・ギメによる日本仏像の収集の際の手がかりとされたのである。そのことは、「信仰の広がり」の章で取り上げることにしたい。

思想と実践

大蔵経の出版

写本から版本へ

中世から近世への文化的な転換をもっとも見やすい形で示すとすれば、写本の文化から印刷の文化へということであろう。西洋においても、グーテンベルグによる活字印刷術の発明（十五世紀）が大きな文化的な転換を齎《もたら》すことになった。何よりもその印刷は『聖書』に用いられ、印刷本の『聖書』の普及がルターによる宗教改革の一因になったとさえ言われる。それまでは写本でしか見ることができず、ふつうの人の目に入ることはなかった『聖書』が、高価とはいえ、入手可能となったことの意味は計り知れない。

東洋においても印刷術の普及は眼を見張るものがあった。中国では西洋より早く、宋代にすでにかなり印刷が普及し、大蔵経《だいぞうきょう》もそれまでの写本から版本に切り替わった。当初大蔵経は皇帝の勅命によって刷られ、小部数であったので、必ずしも広く普及したわけではないが、それにしても、いちいち書写するのとは大きな違いであり、文化の質を変えるほどの意味を持っていた。大蔵経の版行はその後、元・明にも引き継がれ、また、北方の契丹《きったん》でも行なわれ、朝鮮半島では高麗時代に二回にわたって刊行された。高麗蔵の第二回の版木（十三世紀）は、現在でも韓国慶尚南道《けいしょうなんどう》の海印寺《かいいんじ》に所蔵され、ユネスコの世界遺産となっている。宋版・高麗版などは東アジアの交流の中で日本にももたらされ、大きな役割を果たした。高麗版は、本文校訂が優れているという定評があり、今日もっとも流布している『大正新脩《たいしょうしんしゅう》大蔵経』の底本とされている。

大蔵経の多くは折本の形式であったが、明代の嘉興蔵《かこうぞう》（万暦版、一五八九―一六七六）になると方冊本といわれる冊子の形が取られるようになり、使いやすくなった。嘉興蔵は純然たる民間版で従来のものに較べるとはるかに発行部数も多く、広く普及した。なお、これらはいずれも木版であるが、高麗では十四世紀に銅活字も用いられるようになった。

日本では、中世から高野版・春日版などが行なわれ、とりわけ室町期になると、禅籍を中心とした五山版が広く行なわれた。キリシタン時代のキリシタン版も注目される。しかし、仏典に関してもあくまで個別的な典籍に関するもので、大蔵経全体を出版したものではない。大蔵経は輸入された高麗蔵などに頼っていた。江戸期になると、日本でも独自の大蔵経を出版する動きが出てきた。最初、天台宗の僧宗存《しゅうぞん》が着手したが、完結することができず、天海《てんかい》が寛永十四年（一六三七）に上野の寛永寺《かんえいじ》に経局を設けて開版され、十二年を費やして完結した。

宗存版と天海版の途中までは木活字が用いられた。活字はこの他にも近世初期に用いられた。秀吉の侵略戦争で朝鮮からもたらされた技術であるが、日本では材料として木材が使われた。しかし、必ずしも木活字は使いやすくなかったので、間もなく版木を使った木版印刷に取って代わられた。従って、木活字版は短期間の少数の印刷物しか残されておらず、古活字版と呼ばれて貴重視されている。

鉄眼版の開版

天海版が普及という点では不十分であったので、大蔵経を広く普及させたいという願望から、民間の大蔵経刊行を志したのが鉄眼道光《てつげんどうこう》（一六三〇—八二）であった。鉄眼は肥後《ひご》の出身で、はじめ浄土真宗《じょうどしんしゅう》を学んだが納得せず、隠元《いんげん》のもとに移って新来の黄檗禅《おうばくぜん》を修め、最終的に木庵《もくあん》の法を継いだ。寛文三年（一六六三）には、中国から大蔵経を購入しようと発願《ほつがん》したが、やがて日本で開版することを思い立ち、寛文七年から大坂で準備を始めた。隠元から嘉興蔵大蔵経を譲り受け、そのバックアップのもとに大規模な募金活動を展開し、全国を行脚した。途中、さまざまな困難を乗り越え、延宝六年（一六七八）には初刷を後水尾《ごみずのお》法皇に献上することができた。その版木は、今日でも万福寺の塔頭《たっちゅう》宝蔵院に保存されている。

鉄眼版（または黄檗版）は、明《みん》の嘉興蔵を覆刻（かぶせ彫り）したものである。嘉興蔵は確かに普及したものではあるが、その校訂は必ずしもよいものとは言えない。従って、鉄

図８　鉄眼道光（京都・宝蔵院所蔵）

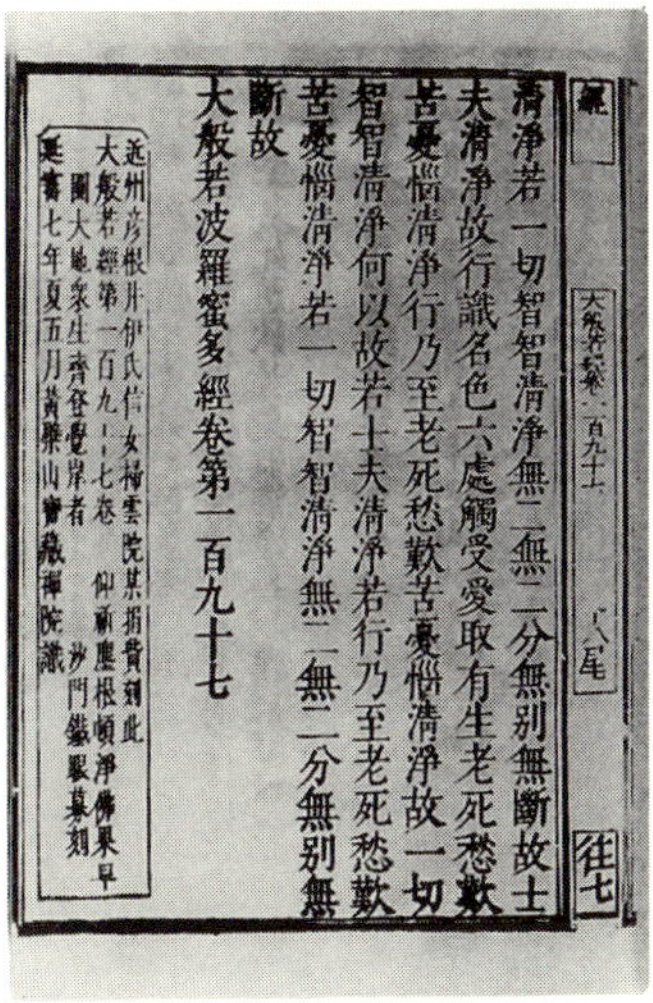

大般若經卷一百九十七　八尾　往七

清浄若一切智智清浄無二無二分無別無斷故士
夫清浄故行識名色六處觸受愛取有生老死愁歎
苦憂惱清浄行乃至老死愁歎苦憂惱清浄故一切
智智清浄何以故若士夫清浄若行乃至老死愁歎
苦憂惱清浄若一切智智清浄無二無二分無別無
斷故
大般若波羅蜜多經卷第一百九十七

江州彦根井伊氏信女福雲院某捐貲刻此
大般若經第一百九十一七卷　仰祈塵根頓浄佛果早
圓大地衆生齊登覺岸者　沙門鐵眼募刻
延寳七年夏五月黄檗山寳藏禪院識

図９　鉄眼版大蔵経（巻第百九十七，京都・宝蔵院所蔵）

図10　了翁道覚（京都・天真院所蔵）

眼版もまたはじめて日本に広く大蔵経を普及させた点では大きな功績があるが、テキストの本文については問題が残ることになった。このことにはすでに江戸時代から気がつかれていて、浄土宗の忍澂《にんちょう》（一六四五—一七一一）は、江戸の増上《ぞうじょう》寺所蔵の高麗版と鉄眼版を対校し、鉄眼版に詳細に相違を書き入れた。それは現在、法然院（京都市左京区）に現存している。こうした作業がもとになって、近代になって『縮刷校訂大蔵経』『卍大蔵経』『大正新脩大蔵経』などの膨大な活字大蔵経が生まれることとなった。

了翁による鉄眼版普及

鉄眼の大蔵経出版には、隠元自身を始め、兄弟子の鉄牛道機《てつぎゅうどうき》ら、黄檗宗の関係者が協力したが、その普及に最も力があったのは、了翁道覚《りょうおうどうかく》（一六三〇—一七〇七）であった。了翁は出羽《でわ》（秋田県）の出身。十二歳のときに地元の曹洞宗《そうとう》の龍泉寺で出家した。十四歳のときに平泉の中尊寺《ちゅうそんじ》を訪ね、金字一切経《きんじいっさいきょう》の散逸したことを嘆いて、一切経を集めることを発願した。隠元の来日が近いと聞いて、長崎に行き、承応三年（一六五四）、興福寺《こうふく》で隠元に拝謁した。欲望を絶つために自らの男根を絶ち、また、左の小指を叩き砕くという激しい苦行も行なった。

そのために、指や男根が痛み我慢ができないほどであったが、寛文四年（一六六四）夢に長崎興福寺の僧默子如定《もくすにょじょう》が顕われて、薬の処方を教えた。その通りにすると痛みが取れたので、翌年にはそれを錦袋円《きんたいえん》と名づけて売り出した。これが大いに当たり、その売上によって天海版を購入して寛永寺に寄付し、続いて鉄牛が住職を務める江戸白金《しろかね》の瑞聖《ずいしょう》寺に嘉興蔵を寄付した。その後は、鉄眼版ができたので、鉄眼版を各宗の寺院に寄進した。

このように、了翁の事業は多岐に亘り、近世仏教の隆盛を象徴するようなエネルギッシュな活動を行なっている。その特徴を挙げれば、まず宗派の束縛に捉われないということが挙げられる。近世というと宗派が固定化して、動きが取れない閉塞状況のように思われがちであるが、了翁は諸宗の寺院に大蔵経を寄進しようとして、宗派的な束縛を嫌った。自らは台《たい》（天台）・密《みつ》・禅の兼学を標榜した。隠元のもたらした黄檗宗は、このような諸宗の壁を破る上で効果があった。

次に、錦袋円の販売という営利活動を積極的に活用していることも注目される。鉄眼の開版も大事業で、膨大な資金を要したが、それを寄進でまかなえたということは、当時それだけ社会的に豊かになり、経済的な余裕ができてきたということである。了翁の場合は、自ら錦袋円の製造販売で大儲けして、それを大蔵経寄付に回すことができた。それはもともと意図したことではなかったものの、僧侶が積極的な営利事業に加わって富を築くことが可能な社会であったことを示している。

了翁は大蔵経を寄進するだけでなく、書籍の積極的な活用を図った。貞享三年（一六八六）に寛永寺境内に完成させた勧学寮は、公開図書館として自由な閲覧ができるとともに、講義も行なう場であり、宿泊者には食事も振舞われた。了翁の理想は、大蔵経が死蔵されることなく、それを生かした学問興隆であり、その理想はある程度実現された。

ちなみに、了翁が瑞聖寺に寄進した嘉興蔵は、なくなったと思われていたが、近年東京大学付属総合図書館より発見された。民間に渡り、大正十三年に当時の農林商務大臣田健《でんけん》治郎《じろう》氏から、関東大震災で所蔵図書がすべて焼失した同図書館に寄贈されたものである。私も参加して調査研究が進められ、ようやくこのたび報告書が刊行されることになった（横手他、二〇一〇）。

出版文化のもたらしたもの

以上のように、近世前半の仏教界はきわめて活気に満ちて、全国規模で大きな事業が起され、成果を挙げている。大蔵経が普及しただけでなく、その積極的な活用が図られている。その大きな刺激となったのが黄檗宗の伝来であった。従来の宗派に捉われず、教禅一致の立場から、経典も重視して、総合的な仏教の興隆を図ろうとする隠元やその他の渡来僧たちのところに、意欲に満ちた若い日本人僧侶が進んで教えを請い、またそこに束縛されることなく、自由な活動へと向っていった。隠元らがもたらした新しい典籍や文物の刺激も少なくなかった。

大蔵経だけでなく、当時の出版物の中でも仏教書は大きな比重を占め、当時の知的生産の相当部分が仏教関係であったことを示している。このような出版物は、先に述べたように、学問や宗教の性質そのものを変えるだけの意味を持っていた。中世の写本中心の文化では、写本の流通は限られた範囲に留まり、その範囲でしばしば秘教化したり、テキストの変化や無制限の増殖ということも稀ではなかった。それが口伝《くでん》法門による自由な思想の展開ということにつながった。そのことは仏教だけでなく、古今《こきん》伝授など、文学の世界にも見られることであった。

ところが、印刷文化が中心となると、書物は公開され、不特定多数の人に共有されることになる。勝手にテキストを変更したり、強引な解釈は直ちに批判を受けることになる。こうして、写本による口伝的な文化の継承は衰退し、合理的な解釈学が力を持つようになる。忍澂による大蔵経の校訂作業などに見られるような、地道な書誌学の成果も挙げられている。次に見るような批判的な仏教解釈も、そのような中から出てくるものであり、それは儒学における古学派の動向よりも先立ち、それを先取りするような優れた成果が挙げられることになった。

教学の刷新

文献主義の興隆

近世前期は清新な活気に満ちた教学振興の時代であった。幕府が仏教に対する統制を強める一方、各宗の学問を奨励したことも、教学信仰の一因となった。各宗はそれぞれ檀林《だんりん》などと呼ばれる学問所を設け、研鑽《けんさん》に努めた。檀林はまた、僧侶の養成機関としての役割を持っていた。こうした中で、諸宗は祖師の教学を中心に研究を進め、また、祖師の伝記や各宗の歴史などの解明に顕著な成果を挙げ、それは近代の教学の基礎ともなるものであった。日蓮宗の日重《にちじゅう》（一五四九—一六二三）、新義《しんぎ》真言宗《しんごんしゅう》智山《ちざん》派の運敞《うんしょう》（一六一四—九三）、曹洞《そうとう》宗の卍山道白《まんざんどうはく》（一六三六—一七一五）、浄土宗の義山《ぎざん》（一六四八—一七一七）、臨済《りんざい》宗の無著道忠《むじゃくどうちゅう》（一六五三—一七四四）、真《しん》宗の香月《こうがつ》院深励《じんれい》（一七四九―一八一七）など、諸宗の復興者や大学者が続出した。

たとえば、道忠は妙心寺の住持となった高僧であるが、中国の俗語に通じ、従来理解が困難と考えられていた禅籍を語学的に正確に読み込むことに大きな成果を挙げた（飯田、一九八六）。『葛藤語箋《かっとうごせん》』をはじめとする多数にのぼるその著作は、今日でも学問的な価値を失っていない。また、『禅林象器箋《ぜんりんしょうきせん》』などでは、禅林の器物についての詳細な考証を行なっている。古典を勝手に解釈するのではなく、もとの言語を正しく理解し、その時代の風習などにも通じていなければならないとして、儒学を刷新したのは荻生徂徠《おぎゅうそらい》（一六六六―一七二八）の古文辞学である。道忠は徂徠と同時代に、仏典に関して同じように大きな成果を挙げている。当時の仏教研究が決して儒学より劣っていなかったことを証するものである。

このように、これらの研究はいずれも文献主義的な立場を取るところに特徴があり、それが口伝主義的な中世の学問との大きな違いを作っている。ただし、宗派の学問はそれぞれの宗派、及びその源流となる経典や中国の論書に限られ、また、宗祖の言うことはすべて正しく、批判を許さないとする宗祖無謬《むびゅう》論が前提とされた。そのために、次第に閉鎖的になって、活力を失っていった。

もっとも、すべてがそのように閉鎖的だったわけではない。前節で触れた了翁《りょうおう》のように、宗派に捉われない自由な活動をする僧もいたし、後述の鳳潭《ほうたん》や普寂《ふじゃく》にしても宗派を超えた自由で批判的な研究を進めている。従来の近世仏教の閉鎖的なイメージは必ずしもすべてに当てはまるわけではない。また、歴史書の中には、臨済宗の卍元師蛮《まんげんしばん》（一六二六―一七一〇）の『本朝高僧伝』七五巻（一七〇二）のように、通宗派的に僧伝を集大成したものもある。本書は一六六二人もの僧の伝記を収め、今日でも日本仏教史研究の基礎となっている。

霊空の本覚思想批判

近世仏教のもう一つの特徴は、活発に論争が行なわれたということである。天台宗の安楽律《あんらくりつ》騒動や真宗の三業《さんごう》惑乱はその典型であるが、他にも鳳潭・普寂などの場合も含めて、さまざまな論争が交わされている。それはしばしば理論上の問題に留まらず、宗門内の正統的な権力をめぐる政治的な闘争となった。こうした宗派内の騒乱に対しては、幕府が干渉し、政治的な決着が図られることも多かったが、それらの論争の中には、今日までつながる大きな思想上の問題点が提示されていることも少なくない。また、仏教外からの仏教批判に対する危機意識からする護教論も提示されている。

図11　摩多羅神

ここでは、中世の学風と比較するという点から、天台の場合を取り上げてみよう。天台における最大の論争は、次節で触れる安楽律騒動であるが、それと関連して教理的な問題も大きく取り上げられることになった。それは中世の本覚《ほんがく》思想に対する批判である。本覚思想は、生死《しょうじ》即涅槃《ねはん》、煩悩《ぼんのう》即菩提《ぼだい》のような思想を極端まで発展させた現実肯定的な思想で、中世天台において口伝《くでん》法門の形式を取って大きく展開した。口伝法門には恵心《えしん》流と檀那《だんな》流があるが、すでに述べたように、天海《てんかい》は徳川家康を東照大権現として祀る際、檀那流の玄旨帰命壇《げんしきみょうだん》の本尊である摩多羅《またら》神を併せて祀った。このように、近世はじめには、いまだ中世的な口伝法門の本覚思想の影響が小さくなかった。

摩多羅神については、『玄旨壇秘鈔』に次のように記されている。

摩多羅神、三道・三毒ノ体也。二童子ハ業・煩悩、中ノ神ハ苦道也。中ノ神ハ癡煩悩《ちぼんのう》也、二童子ハ貪嗔《とんじん》ノ二也。三道・三毒・生死輪廻狂乱振舞ヲ表シテ、歌ヲ歌ヒ、舞ヲ舞フ也。中ノ神ノ鼓ヲ打テ拍《ハヤス》、苦道即法身ノ振舞也。二童子ノ、左ノ童子ハシ、リシニシ、リト歌フ、大便道ノ尻ヲ歌ヲ歌フ也。右ノ童子ノ歌ハソ、ロソニロソト歌ハ、小便道ノソ、ヲ歌フ也。生死煩悩ノ至極ヲ行ズル跡事ヲ舞歌也。所以《ゆえ》ニシリソ、ヲ為《シヽ》々スル其ノ便道ヲ為スル婬欲熾盛ノ処也。之ヲ秘スベシ、口外スベカラズ、秘々中深秘《じんぴ》ノ口決也。

摩多羅神は由来の分からない神であるが、二人の童子を連れた俗体で鼓を打ち、童子は踊りを踊っている姿で現される。常行三昧《じょうぎょうさんまい》堂の後戸《うしろど》の神として祀られ、芸能神として重んじられた。この説明を見れば明白のように、神と童子はまさしく煩悩そのものを表わし、それも、左右の童子は大便道・小便道を表わすという。その大便道・小便道が「婬欲熾盛ノ処」、つまり性的な意味合いを表わしているというのである。それがそのまま悟りの世界を象徴するものとして描かれている。玄旨帰命壇が本覚思想の一つの極限とされる所以である。

このような玄旨帰命壇の本覚思想に正面から挑んだのが、霊空光謙《れいくうこうけん》（一六五二―一七三九）であった（曾根原、一九九〇）。霊空は師の妙立慈山《みょうりゅうじざん》を継いで宗風の刷新を志し、そこから安楽律の運動に発展して、天台宗の大きな騒動を惹き起こすことになる。その戒律運動と連動して、教学的には従来の口伝主義を排して、中国宋代の天台復興者四明知礼《しめいちれい》（九六〇—一〇二八）の思想に立脚しようとした。宋初の天台では、華厳《けごん》の影響を受けた山《さん》外派《がいは》とそれを批判する山家《さんげ》派の間で論争があり、山家派の知礼らが正統とされた。霊空らは、その山家派の正統路線を継承しようとしたのである。その口伝主義批判は具体的には玄旨帰命壇の批判という形を取り、それは『闢邪編《へきじゃへん》』（一六八九）に正面から論じられている。このことは、冒頭に、「闢邪とは、玄旨帰命壇の邪説を闢《へき》するなり。蓋《けだ》し本邦の台教、中古に大いに乱れ、悪見の者、私に玄旨帰命壇の灌頂《かんじょう》を造って、以《もっ》て公案を立て、密かに相授受す」と明言されている。

それでは、具体的にどのような批判をするのであろうか。全体は十三条からなるが、第一条では、七仏通戒偈《しちぶつつうかいげ》を取り上げる。七仏通戒偈というのは、過去七仏に共通する根本の教えということで、「諸悪莫作、衆善奉行、自浄其意、是諸仏教」（諸悪を作《な》すことなかれ、衆善を奉行せよ、自ら其の意を浄《きよ》む、是れ諸仏の教えなり）というものである。それに対して、玄旨帰命壇派は「善悪を思量する心なし」と解釈する。

霊空はこれを正面から批判する。その立場は、「仏戒多しと雖《いえど》も、之を要するに止作《しさ》の二持《にじ》のみ。止持とは悪を息《や》むるの謂《いい》なり。作持とは善を修するの謂なり」と端的に示される。次項に示すように、近世の仏教復興は何よりも戒律運動として現われ、俗人に対しては世俗倫理を重んじることを説く。それは、教学的にはこのような本覚思想の批判となる。もともと本覚思想は世俗主義的な立場を取るものであり、その点では近世的な世俗重視に連なるものである。実際、近世初期には本覚思想の流れから世俗主義へと展開したと考えられる。それが、十七世紀終りの元禄期（一六八八—一七〇三）に至って、本覚思想が批判され、大きく転換することになるのである。

世俗重視の立場を取りながらも、本覚思想と相違することは、その浄土観にもうかがわれる。『闢邪編』第十一では、真実には浄土に至ることがなく、「無思無念」を至境とするという説を批判している。その説は、「西方に浄土ありと説くを視《み》て以て方便と為し、却て現在を指して真の西方浄土《さいほうじようど》と為す」ものであり、現世をそのまま浄土とみる本覚思想的な立場である。霊空はそれを天魔の説であるとする。

それに対して、霊空自身の説はどのようなものであろうか。霊空は四明知礼の説に従って、自らの念仏説を「即心念仏」と呼ぶ。それは『闢邪編』で批判する本覚思想の説と同一になりそうであるが、霊空はそれとは相違するという。そのことは『即心念仏安心決定《あんじんけつじよう》談義本序』に詳しい。

我等が心は、身の内にあるように思はるれども、身の内にあるように思はる丶ものは、縁影と云ものにて、本の心には非《あら》ず、本の心は、色もなく、形もなく、周偏《しゅうへん》法界とて、どこがかぎり、どこがはてと云こともなく、いつ始る、いつ終ると云こともなきものなるゆへ、西方十万億土の浄土も、弥陀・観音も、心の外に出たるものにてはなし。

即ち、心といっても、「身の内にある」心ではなく、法界に周偏する、いわば宇宙的な心だというのである。その点から言えば、我が心も弥陀・浄土も一つということになり、本覚思想と変らないように見える。しかし、それにもかかわらず、「死なずして死に、生れずして生る丶」のであり、そこで往生をも認めることができるというのである。

霊空の説は、主として浄土宗の側から反発を招き、多くの論難書が書かれ、それに対して霊空も再反論するなど、激しい論争を引き起こすことになった。霊空の立場はいささか分かりにくいところがあるが、本覚思想を批判しつつ、これまで不問に付されてきた浄土とは何かという問題を引き出し、論争の場に取り上げたところに、近世教学の一つの問題提起を見ることができるであろう。

戒律の復興

日本の仏教は戒律が弛緩して、それが仏教堕落を象徴するかのように喧伝《けんでん》される。しかし、戒律が弛緩した時、それに対する戒律復興の運動が起って仏教界の覚醒を促し、それが新たな発展につながってきた。かつて戒律復興の運動がいちばん高まったのは鎌倉期であった。院政期からはじまった戒律復興運動は、叡《えい》尊《ぞん》（一二〇一—九〇）、忍性《にんしょう》（一二一七—一三〇三）において最高潮に達し、新しい仏教の機運を作り出した。近世もまた、戒律が弛緩し、僧侶の女犯《にょぼん》・妻帯や金銭絡みの問題など、仏教の堕落といってよいような現象に溢れている。しかし、そのような時期だからこそ、心ある僧侶は戒律を引き締め、規律ある教団で修行に励むことで、仏教の再興を図ろうと

具足戒と大乗戒

した。

近世の戒律復興を見ていくために、前提として注意しておきたいことがある。それは、日本の戒律には、南都を中心とした四分律《しぶんりつ》の具足戒《ぐそくかい》と、天台宗を中心とした大乗戒《だいじょうかい》（梵《ぼん》網《もう》戒）の二つの流れがあることである。前者は中国以来の伝統で、もともと法蔵部という部派で用いた四分律を採用し、二百五十戒という詳細な規定を守ることを求めるものである。確立者である道宣《どうせん》（五九六―六六七）が終南山《しゅうなんざん》にいたところから、南山律とも言う。部派の戒律であるが、大乗の精神をもって守ることによって、大乗の戒として通用するとされている。

これに対して、大乗には大乗独自の戒があるべきだとして、大乗戒の独立を主張したのが、日本天台宗の祖最澄《さいちょう》であった。最澄は大乗独自の戒として『梵網経』に説かれる十《じゅう》重《じゅう》四《し》十八軽《じゅうはちきょう》戒《かい》を採用し、延暦寺に独自の戒壇を設立した。天台宗から独立した新仏教の諸宗も梵網戒を採用する場合が多い。近世の安楽律《あんらくりつ》運動はそれに反対して、具足戒をも必要と主張したところが大きな問題となった。

戒律復興運動と安楽律騒動

近世の戒律復興はさまざまな宗派にわたるが、もっとも早く運動を興したのは、真言系の明忍《みょうにん》（一五七六—一六一〇）で、慶長七年（一六〇二）槙尾山西明寺《まきのおさいみょうじ》を復興して戒律興隆に努めた。ここから、西明寺は近世の戒律運動の拠点となった。この系統から、良永《りょうえい》（一五八五—一六四七）、浄厳《じょうごん》（一六三九—一七〇二）らが出て、さらに慈雲飲光《じうんおんこう》（一七一八—一八〇四）へとつながっていく。この系統はもともとの律宗の系統に連なるもので、四分律に基づいているが、真言宗の妙瑞《みようずい》（一六九六—一七六四）らは、唐代に義浄《ぎじょう》（六三五—七一三）が伝えた根本説一切有部《せついっさいうぶ》の律を採用し、南山律一派と対立した（沈、二〇〇三）。近世にはほかの宗も戒律復興の動きが盛んである。代表的な運動として、日蓮宗では草山元政《そうざんげんせい》（一六二三—六八）の興した草山律、浄土宗では霊潭《れいたん》（一六七六—一七三二）が興した浄土律などがある。

それらの中で、大きな問題となったのは天台の安楽律騒動《あんらくりつ》であった（曾根原、一九九二）。これは、先に触れた霊空光謙《れいくうこうけん》による本覚《ほんがく》思想批判と深い関係があり、本覚思想批判が教学面であったのに対して、安楽律運動はその実践面をなすものであった。即ち、教学面で日本中世の口伝法門による展開を否定して、中国天台の正統派とされる四明知礼《しめいちれい》の説を採用したのと同様に、戒律に関しても、最澄以来の大乗戒を批判して、中国で正統とされてきた四分律を兼授しようというのである。それに対しては、円耳真流《えんじしんりゅう》らが最澄以来の大乗戒堅持を唱えて対立することになった。

霊空らは輪王寺門跡公弁法親王《りんのうもんぜきこうべん》らの支持を得て、比叡山飯室《ひえいいいむろ》の安楽律院を拠点として運動を展開し、さらに公遵《こうじゅん》法親王の代になると、小乗戒兼学が命令され、反安楽律派が弾圧を被るまでになった。しかし、公啓《こうけい》法親王に代わると、今度は反安楽律派が優勢となり、安楽律派が追放された。ところが、公啓法親王の急逝によって公遵法親王が復帰すると、再び安楽律派が復活し、結局安楽律派が勝利することで、両者の争いは幕を閉じた。

このように、両者の争いは理論的な論争というよりも、政治的な権力闘争の様相を帯び、曾根原理が指摘するように、「安楽律強制は、輪王寺門跡を頂点とする、教団内の秩序形成を目指した、一種の統制策」（曾根原、一九九一）ということになろう。しかし、確かに論争として十分に発展はしなかったものの、両者の主張は内容的に見れば、日本独自の大乗戒を堅持するか、それとも大乗以前の小乗部派に由来する汎アジア的な具足戒を採用するか、ということであり、その意味は小さくない。実際、このような汎アジア主義は普寂《ふじゃく》や慈雲《じうん》の目指す方向とも共通し、釈尊への復帰ということが根底にある。安楽律の場合、天台宗内にかぎられ、教学的にも宋代天台というところまでしか遡らなかったが、このような原点志向は近世仏教の大きな特徴をなし、それが近代の原始仏教志向へと継承されてゆくことになるのである。

普寂と慈雲の場合

徳門普寂（一七〇七―八一）は伊勢桑名の浄土真宗の寺院の出身で、浄土宗に移ったが、その活動は通仏教的とも言うべきものであって、必ずしも宗派の枠に収まらないところがある。普寂の学問は、華厳・天台・法相《ほっそう》など多方面にわたり、後述のように、鳳潭《ほうたん》と並ぶ近世の独創的な学僧であるが、同時に戒律復興に努めた実践家でもあった（西村、二〇〇八）。普寂もまた、南山律宗への復帰を唱えるが、それは彼独自の小乗の再評価とも関わるものである。

普寂の主著『顕揚正法復古集《けんようしょうぼうふっこしゅう》』（一七七九）第二の南山宗の項を見てみよう。それによると、「我が仏世尊は、四真諦《ししんたい》・無我人法を以て理教となし、戒定慧《かいじょうえ》を以て学処と為し、是を閻浮一化《えんぶいっけ》の正軌となす」もので、小乗に当る。それが惰性化して行き詰ったところに、大乗が興起する。「馬鳴《めみょう》・龍樹《りゅうじゅ》・無著《むじゃく》・世親《せしん》等の大士、三蔵学者の弊風の将《まさ》に正法を壊さんとするを慨《なげ》きて、已《や》むを獲《え》ずして大乗の秘蔵を開発《かいほつ》し、以て三蔵の実義を光顕す」。大乗は必ずしも閻浮提《えんぶだい》の衆生にはふさわしくないものとしてあくまで秘蔵されていたものであるが、やむをえない状況からこれらの菩薩たちがそれを開顕したのである。

ところが、その大乗もまた堕落して、本来の仏の教えである経律論の三蔵、戒定慧の三学を蔑視するようになる。「此《こ》の法、久しくして転じて弊風を生じ、妄《みだ》りに三蔵を貶《おと》して以て小乗となし、三学を撥置《はっち》して以て権修《ごんしゅ》となす」。そこで、南山道宣が現われて、本来の三学を再興したのである。「南山、天手を展回して、此の顚墜を扶《たす》け、三学均修の正宗を提示して、以て学仏の洪範を揩定《かいじょう》す。護法の功、其《それ》大なるかな」と賞賛されるのである。そこには、「小乗から大乗へ、大乗から小乗復活へと、弁証法的な経緯をたどる」（西村、二〇〇八）仏教史理解がある。

普寂は安楽律を学ぼうとしながら、それが必ずしも理想どおりのものでないと知って翻意している。しかし、従来の日本仏教のあり方をそのまま肯定するのではなく、それに対して批判的に見、具体的に具足戒《ぐそくかい》を採用して仏教の原点に戻ろうとしたところでは安楽律とも共通する。日本という狭い場に閉塞しない本来の仏教への回帰志向であり、そこに近世仏教の一つの重要な動向を見ることができる。同様のことは、慈雲飲光《じうんおんこう》の場合にも見られる。

慈雲は大坂の人。十三歳のとき、亡くなった父の遺命で出家して真言宗の忍綱貞紀《にんこうじょうき》の弟子となったが、京都で伊藤東涯《いとうとうがい》に学んだり、信州で曹洞宗の大梅《だいばい》について学んだりしている。そうした中で、正しい作法に則った仏法に復古することの必要を痛感し、正法律《しょうぼうりつ》の運動を興すことになる。寛延二年（一七四九）『根本僧制《こんぽんそうせい》』を定めて、仏の定めたとおりの規定に従う正法律を具体化しようとした。正法律は、「今正シく私意を雑《まじ》へず、末世の弊儀によらず、人師の料簡《りょうけん》をからず、直に金口《こんく》所説を信受し、如説《にょせつ》修行するを、正法律の護持と云フなり」（『高貴寺規定』）と定義される。「末世の弊儀」を否定して、あくまで仏の正法の時代に戻ろうというのである。ここにも、安楽律や普寂と共通する原点回帰の志向が明らかに見て取れる。

図12　慈雲飲光（大阪・高貴寺所蔵）

慈雲の活動は、生涯を通して正法中心の正法思想とも呼ぶべきものに基づいているが（沈、二〇〇三）、その重点は次第に変化している。宝暦八年（一七五八）から生駒《いこま》山双龍庵《そうりゅうあん》に隠遁《いんとん》してしばらく社会的な活動から手を引く。その隠遁期間に、慈雲は限られた資料でインドの仏典の言葉である梵語（サンスクリット語）の研究を進め、『梵学津梁《ぼんがくしんりょう》』一千巻という膨大な著作を完成させた。それは、梵語資料に基づく近代的な仏教研究の先駆となる偉大な業績である。明和八年（一七七一）に京都の阿弥陀寺に戻って活動を開始し、安永五年（一七七六）には河内の高貴寺《こうき》に移るが、その活動の中心は十善戒を説いて在家《ざいけ》の人々を教化することに移される。それと同時に神道の研究を進め、雲伝神道《うんでんしんとう》と呼ばれる独自の神道説を完成させる。慈雲はそれらをも正法と理解していたが、それは釈尊に還ることではなく、私意や人為を離れるという意味での正法に変わってきている（沈、二〇〇三）。

批判的研究

以上からも分かるように、近世仏教の思想や実践は、決してすべてが宗派の枠に捉われていたわけでもなければ、型に嵌《はま》った惰性に陥っていたわけでもない。宗派を超えた自由な活動や研究がなされ、仏教の原点に復帰しようという熱意に満ち、大乗仏教をも超えて原始仏教志向とも言うべきものさえも見られた。それらはいずれも中世の写本と口伝《くでん》から転じて、近世の出版文化に依存した文献研究に立脚している。内容的には中世的な本覚思想を批判し、実践を取り戻そうという傾向が強い。

鳳潭の華厳研究

このような仏教の自由な批判的文献思想研究の典型として、ここでは鳳潭《ほうたん》と普寂《ふじゃく》の場合を取り上げてみよう（末木、二〇〇六b）。

鳳潭僧濬《そうしゅん》（一六五四—一七三八）は摂津または越後の出身で、最初、黄檗《おうばく》宗の鉄眼《てつげん》に学んだが、師の没後その門流を離れ、奈良や京都の旧寺に典籍を求めて遊学し、諸宗の教学を学んだ。とりわけ華厳《けごん》について詳しかったが、天台に関しては、安楽律《あんらくりつ》派の霊空《れいくう》の講義を聴き、その影響を受けた。後半生はもっぱら講義と著述に務めた。一時は江戸でも講義を行なったが、宝永六年（一七〇九）京都松尾に安照《あんしょう》寺を建て、後に享保八年（一七二三）に華厳寺を建立して、拠点とした。このように、鳳潭は鉄眼、霊空という当代最新の仏教を学び、それをもとに先入観に捉われない独自の仏典解釈を展開した。

鳳潭の華厳解釈は『華厳五教章匡真鈔《けごんごきようしょうきょうしんしょう》』十巻に示されている。『華厳五教章』は、中国華厳の三祖とされる法蔵《ほうぞう》（六四三—七一二）の主著で、日本では華厳宗の根本典籍とされた。鳳潭はその注釈の形を取りながら、独自の解釈を読み込んでいく。通常、中国華厳については杜順《とじゅん》—智儼《ちごん》—法蔵《ほうぞう》—澄観《ちょうがん》—宗密《しゅうみつ》の系譜を立てるが、鳳潭は第四、五祖の澄観と宗密を認めない。華厳思想を確立したと言われる法蔵は、世界の構造を一即一切《いっそくいっさい》の論理をベースとして、重重無尽《じゅうじゅうむじん》の縁起関係で説明しようとしたが、それに対して澄観や宗密になると、禅の影響を受けて、絶対的な一心を建て、そこからの展開として発生論的に世界を説明しようとした。それ故、法蔵と澄観・宗密とでは、世界の見方に関して視点がまったく違っている。鳳潭の指摘は、その点に着目したもので、はなはだ鋭いところがある。自らの視点で原典を批判的に読み込むことで、伝統的に認められた相承説《そうじようせつ》を正面から否定しており、画期的なものであった。

ところで、鳳潭は法蔵の華厳を解釈するのに、四明知礼《しめいちれい》の天台の理論を持ち込んでいる。それは性悪説《しようあくせつ》といって、仏をも含めて一切の心ある存在には、本来的に悪が内在しているという理論である。仏であっても悪の要素を含まなければ、地獄の衆生《しゆじよう》を理解し、救うことはできないはずである。この理論は、人間の心を深く省察した注目すべき理論であり、天台思想の中核といってよい重要な思想である。しかし、果してそれを華厳の解釈に用いることができるかどうかは問題がある。鳳潭は明らかにこの理論を霊空から学んだのであり、華厳と天台に通底する思想構造を捉えようとしたものと考えられる。ここにも、宗派に捉われない鳳潭の批判的精神をうかがうことができる。鳳潭には天台関係の著作も多数あり、『鉄壁雲片《てつぺきうんぺん》』のように、禅思想を批判したものもある。

普寂の鳳潭批判

鳳潭に対して批判を加えたのは普寂である。普寂は鳳潭の講義を聴講しており、その批判的精神を受け継いだ。普寂もまた、華厳の法蔵までと澄観・宗密とは異なるとして、澄観・宗密を華厳の系譜に入れない。しかし、その華厳解釈は鳳潭とは異なり、鳳潭を批判している（『華厳五教章衍秘鈔《えんぴしょう》』）。鳳潭の性悪説によると、煩悩《ぼんのう》・悪と悟りとの一体性が強調されることになるが、普寂はそれに反対する。普寂の立場はあくまで修行によって凡夫の立場から進んでいくことを重視するもので、そこからすると、鳳潭の理論は抽象的であって、具体的な修行に結びつかないということであろう。その根底には、近世仏教の特徴である、本覚思想の修行不要論に対する批判がある。

普寂の修行の立場は、いきなり高度な華厳の実践は困難と見て、まず南山律宗によって小乗的な実践から出発すべきであるとする。「真修《しんしゅ》、階を攀《よ》ずるに下よりして上る。之を五層の楼に登るに必ず初級より始むるに類す。四依八正《しえはちしょう》の古道を像末の世に挽回するは、宜《よろ》しく南山律師の所宗より正しきはなかるべし」（『顕揚正法復古論』第一）と言われている。階段を下から一段一段上っていくようなもので、像末の世には南山律宗の小乗の実践から出発する以外に道はないというのである。

それ故、小乗の説も華厳の同教一乗（同一の一乗の立場）と認められることになる。「小乗も（大乗の）始めの教も、終りの教も、頓悟《とんご》の教も、悉《ことごと》く華厳同教門である」（同）とされる。これは大胆な華厳解釈であり、これによれば、小乗も含めてすべての教えが華厳同教門に含まれることになる。つまり、小乗の実践もじつは華厳の実践に他ならないのである。このように普寂の華厳解釈はきわめて実践的であり、しかも釈尊の立場に立ち返る小乗の実践をも生かしうるような解釈を施している。

富永仲基の大乗非仏説論

鳳潭や普寂の批判的な仏典解釈は、儒学の荻生徂徠《おぎゅうそらい》にも比較すべきであると指摘されているが（神田、一九七七）、さらに仏教教団の外から仏典を批判的に研究し、画期的な成果を挙げたのが、富永仲基《とみながなかもと》（一七一五—四六）であった。仲基は大坂の懐徳堂出身の町人学者であり、わずか三十二歳で夭折した天才学者であった。その著『出定後語《しゅつじょうごご》』で、仲基は大乗非仏説論という驚嘆すべき新説を提示した。

仏教の経典がすべて釈迦仏の説法という形を取りながら、それらの間にさまざまな矛盾があることは早くから気づかれていた。その矛盾を解消させるために中国で発展した解釈学的方法が教相判釈《きょうそうはんじゃく》（教判）と呼ばれるものである。これは、釈迦はさまざまな衆生の能力や志向の相違に応じて教えを説いたため、そこから経典間の矛盾が生じたと考えるものである。特に釈迦の一生の時間的な流れの中に置いたものとして、天台の五時《ごじ》教判《きょうはん》が広く用いられてきた。すなわち、釈迦は悟りを開いた後、直ちにその境地を『華厳経』として説いたが、それでは誰も理解できないため、順次に阿含《あごん》経典・般若《はんにゃ》経典・方等《ほうどう》経典を説いて次第に聴衆の理解を深め、最後に究極の真理である『法華経《ほけ》』を説いたというのである。

それに対して仲基の提示したパラダイムは、釈迦の一生の中に配置されてきた諸経を、その枠付けを外し、より長い歴史のスパンの中に配置し直そうというものである。仲基が、このような思想史のダイナミズムを捉える法則として提示したのが「加上《かじょう》」の説である。これは、時代的に新しく出てきた思想は、前代の思想に新しい何ものかを加えることによって、前代までの思想に対する優越性を示そうとする、というものである。

それによると、最初にインドには外道《げどう》（仏教以外）の教えがあり、生天説《しょうてんせつ》（善をなせば天に生れるという説）を主張した。それに対して、釈迦は生死を離れることを説き、生天説の上に出ようとした。釈迦の死後、弟子たちが経典を編纂し、部派に分かれたが、いずれも「有《う》」を主張した。これが小乗である。それに対して、文殊《もんじゅ》の徒が「空《くう》」を主張して、般若経典を作った。ここに大乗が成立した。その後、法華氏（『法華経』の立場を取るグループ）が起こり、釈迦の四十余年の説法の最後に説かれたものだと主張した。これは、それまでに出た諸経をすべて方便として排斥し、自説こそ真実であると主張したものである。さらにその後、華厳氏や兼部氏（大集《だいじつ》・涅槃《ねはん》）、頓部氏（楞伽《りょうが》など）・秘密曼陀羅金剛手氏《まんだらこんごうしゅ》などが順次起こった。

以上が仲基の描く仏教経典の成立史である。仲基と同時代に普寂は大乗から釈尊時代の小乗に立ち戻るべきことを説いた。後に原始仏教とか初期仏教と呼ばれるようになる釈尊の教えに注目した点で、仲基の説は普寂と一致する。しかし、普寂と決定的に異なるのは、普寂があくまで仏道修行の立場に立ち、大乗も仏説だという立場を崩さなかったのに対して、仲基が、大乗経典を釈迦の説いたものだとする仏教信仰の前提を捨てた点である。仲基の方法は、聖典の聖典性を剝奪することを含意している。仲基の説が服部天游《てんゆう》・平田篤胤《ひらたあつたね》らの排仏論者によって歓迎された一方、仏教者によって排撃されることになったのは、このような理由による。

さらに、排仏か擁仏かという次元を超えて、この立場は近代の仏教学へとつながっていく。二十世紀初頭に大乗非仏説論が再燃して、村上専精《むらかみせんしょう》（一八五一―一九二九）が『仏教統一論・大綱論』（一九〇一）に発表した大乗非仏説論は、村上の僧籍離脱にまで至る仏教界の反発を招くことになったが、歴史はもはや逆転を許さないところにまで到達していた。こうして仲基の大乗非仏説論は、近代的な仏教学の先駆としての栄誉を担うことになった。

だが、仲基自身の意図は決して科学的な学問にはなかった。仲基は、思想の通時的・歴史的展開と同時に、インド・中国・日本の民族性の違いという共時的・地理的な側面へも注意を怠らない。別の著作『翁《おきな》の文《ふみ》』では仏道・儒道・神道を比較し、最終的に「誠の道」を提唱する。それは、「唯《ただ》物ごとそのあたりまへをつとめ、今日の業《わざ》を本《もと》とし、心をすぐにし、身持をたゞしくし、物いひをしづめ、立ふるまひをつゝしみ、親あるものは、能《よく》これにつかふまつり、君あるものは、よくこれに心をつくし」と、日常の「あたりまへ」に立脚する倫理である。思想・宗教の徹底的な相対化の結果、到達した「あたりまへ」の日常の倫理――それはいささか拍子抜けがするようなところがあるが、堅実な日常の生活を重視する立場は、ある意味では近世の成熟した社会を代表するとも見ることができる。

世俗の倫理

鈴木正三の職分仏行説

近世は世俗化の時代である。中世的な「冥《みよう》」の世界が決して消えるわけではないが、かつてはそれが「顕《けん》」の世界と対等、あるいはそれを凌駕《りようが》していたのが、「顕」の世界の伸張に伴い、「冥」の世界が背後に追いやられていく。その分、「顕」の世俗社会の問題が中世よりもはるかに大きな問題となる。そこには世俗中心の儒教が次第に進展してきたという事情もあるが、必ずしも儒教の進展が世俗化を惹き起したというわけではなく、むしろそのような時代性に儒教が適合していたという方向を考えなければならない。そうした時代の動向から、仏教の世俗超越的な側面が弱められ、世俗のほうに目を向けるようになった。それは、具体的には俗人教化に力を

図13　鈴木正三（心月院所蔵，豊田市郷土資料館提供）

入れるようになったこと、とりわけ世俗道徳を積極的に説くようになったことに表われている。かな書きの仏教書が印刷出版を通して広く普及するようになる。

そうした傾向の出発点を作ったのは鈴木正三《すずきしょうさん》であった。正三は『万民徳用《ばんみんとくよう》』において、四民の日常道徳がそのまま仏道であると説いた。世法則（即）仏法の職分仏行説と言われるものである。その主張は、「仏語に、世間に入得《にっとく》すれハ出世余なしと説給へり。此文ハ世法にて成仏するの理《ことわり》なり。然《しかれ》ハ世法則仏法也」と端的に述べられている。それ故、仏道修行を行なうのに、必ずしも出家する必要はないことになる。ある旗本の子息が剃髪《ていはつ》出家を求めたのに対して、正三はそれを否定する。

我元ヨリ家職ヲ捨テ法ヲ求ル事嫌《きらう》也。殊ニ侍ノヲツキル抔《など》ハカヂケタル心也。修行ノ為ニハ奉公ニ過タル事ナシ。出家シテハ却テ地獄ヲ作ラルベシ。奉公則修行ナリト、再三示シ給フ。（『驢鞍橋《ろあんきょう》』巻下）

正三は自ら武士であったということもあって、武士の立場からの支配者的な見方が強く、また、その禅風の厳しさとあいまって、克己的、禁欲的な職業観が強い。たとえば、農民に対しては次のように教えている。

夫《それ》農人と生を受事《うくる》ハ天より授《さずかりたまわ》　給る世界養育の役人なり。去《され》ハ此身を一筋に天道に任《まかせ》奉《たてまつ》り、かりにも身のためをおもハずして、正《まさしく》　天道の奉公に農業をなし、五穀を作出して、仏陀神明を祭、万民の命をたすけ、虫類等に至迄　施《ほどこす》べしと大誓願をなして、一鍬《くわ》一鍬に、南無阿弥陀仏なむあミた仏と唱、一鎌一鎌に念仏信心有て、念々をこたらず、……。（『万民徳用』）

このように職分を天から授かった役人と見る職分役人説もまた、正三の特徴である。それは、仏教そのものから出てこないもので、いささか異なる天道説に由来するものであり、同時に「役人」という捉え方は支配者である武士の立場を反映しているということができる。正三の世俗則（即）仏法説がその近代性を表すという解釈とともに、逆に前近代的な封建体制確立のイデオロギーとなるという側面が指摘されるのも、このような正三の思想に内在するものである。

近世中期になると、俗人に対して積極的に教化を行なう仏教者が多くなった。影響力の大きかった僧として、盤珪永琢《ばんけいようたく》（一六二二―九三）、白隠慧鶴《はくいんえかく》（一六八五―一七六八）などの禅僧が挙げられる。盤珪は播磨《はりま》の人、十七歳で出家し、独自の工夫で苦行に近い修行を行なった。長崎の道者超元《どうじゃちょうげん》にも参禅した。寛文元年（一六六一）、姫路に龍門寺を創建して教化の拠点とし、妙心寺《みょうしんじ》の住持にも就任した。

盤珪・白隠・慈雲

盤珪の禅風は不生禅《ふしょうぜん》として知られるが、俗人に対しても積極的に教えを説いた。その教えは日常に即して、きわめて具体的であった。ある女人が、「私事人にすぐれて雷《いかずち》を恐れ、雷の声を聞《きく》と、其のま丶気色悪敷《あしく》、煩ひ苦しむ。何とぞ此恐し事やむ様に御示し玉へ」と問うたのに対して、このように答える。

生れたる時は、物に恐る丶心なく、不生《ふしょう》の仏心のみ也。……雷は人のために世界え雨をふらす物にて、人にあだをなす物にあらず。其雷をあいてにて、恐をなすは、彼の一念の化物のしわざにて、外より来るにあらず。雷の声を聞く時は、自心自仏の一筋に信仰すべし。（『仏智弘済禅師法語』）

卑近な日常的な出来事を手がかりに、「不生の仏心」を分かりやすく説いていることがよく分かる。日常の中に不生の仏心を求める盤珪の禅風は広い影響を与えたが、とりわけ石門心学《せきもんしんがく》の手島堵庵《てじまとあん》（一七一八―八六）はその影響を強く受け、庶民教化に努めた。

白隠慧鶴は駿河《するが》の人。十五歳のとき地元の松蔭寺《しょういんじ》で出家して以後、各地の禅寺を訪ね、病を得るまでの厳しい修行を積んだが納得できず、最後に信州飯山《いいやま》の正受《しょうじゅ》老人道鏡《どうきょう》慧端《えたん》のもとで悟りを完成した。その後、主として松蔭寺と自ら創建した龍沢《りゅうたく》寺を中心として教化に務めた。白隠はこれまでの臨済《りんざい》禅を一新し、新たな公案体系による修行法を完成させた。今日の臨済宗の修行法はすべて白隠に発している。白隠の主著とされる『槐安国《かいあんこく》語《ご》』は、大灯国師《だいとうこくし》宗峰妙超《しゅうほうみょうちょう》（一二八二―一三三八）の語録に対する提唱録であり、その他、専門的な著作は極めて多い。白隠はまた、専門の雲水《うんすい》の指導というに留まらず、積極的に庶民教化に務めた。かな書きの法語は、個性的な書画とあいまって、その教えを分かりやすく説いている。たとえば、『見性成仏丸《けんしょうじょうぶつがん》方書《ほうしょ》』では、薬売りの口上を口調を借

図14　白隠慧鶴（静岡・松蔭寺所蔵）

りて、

私し売り広めまする処の薬りは見性成仏丸と申しまして、直指人身《じきしにんしん》〔心〕入《いり》でござります。此《この》薬りを御用ひなされますれば、呑みこむと苦みの病を凌ぎ、三界《さんがい》浮沈の苦るしみも、六道輪廻《ろくどうりんね》の悲みも、即座に安楽になりまする。

と、調子よく禅の教えを説いている。白隠の法語は、このように禅の教えを平易に説いたものもあるが、それだけでなく、『善悪種蒔鏡和讃《ぜんあくたねまきかがみわさん》』『孝道和讃《こうどうわさん》』のように、世俗の倫理を積極的に説いたものもある。前者では、

凡《およそ》此世へ生れては、貴賤貧福おしなべて
無病長生銭金《ぜにかね》を、誰しも願ふことなれど
病身夭死貧乏を、いやでもするのは何故ぞ
前世で我身が蒔置《まきおき》し、種が此世へはへるなり

と三世の因果を説いて、善行を勧めている。三世の因果説は儒教と異なり仏教のみが有する理論で、儒家からは批判の的となったが、庶民に善悪を説くにはきわめて有効で、近世を通して広く通俗説法で用いられた。

真言宗の慈雲飲光《じうんおんこう》もまた、正法律《しょうぼうりつ》運動による戒律復興が一段落した後、十善戒《じゅうぜんかい》を説い

て、俗人に教えを説くようになった。十善戒は、不殺生《ふせっしょう》・不偸盗《ちゅうとう》・不邪淫《じゃいん》・不妄語《もうご》・不綺語《きご》・不悪口《あっく》・不両舌《りょうぜつ》・不貪欲《とんよく》・不瞋恚《しんに》・不邪見《じゃけん》であり、「十善あり、世間出世間にをし通じて、大灯明となる」（『人となる道』）と、世間・出世間の両方に通ずる根本の原理と見、慈雲はこれを「人となる道」と呼んで普及に努めた。

仏教世俗化の問題点

このように、近世のもっともすぐれた仏教者たちが積極的に世俗の教化に務めている。それは必ずしも儒教の影響やそれへの対抗ばかりとは言えず、仏教自体の世俗化への対応という面が大きい。しかしここで注意すべきは、そこで説かれた世俗倫理が基本的に封建制を前提としたもので、政治体制を批判したり、あるいはそれに疑問を持つ態度はほとんどなかったということである。安藤昌益《あんどうしょうえき》（一七〇三―六二）のように、封建的秩序を否定する思想が生れなかったのはやむを得ないとして、儒教や神道からは後に天皇中心論が出て、倒幕運動に結びつくことになるが、仏教ではそれに賛同することはあっても、そこから直ちに政治的変革に向う理論は生れなかった。

このように、仏教が多くの場合に体制を補強するイデオロギーとなったことは否定できない。仏教が社会的に差別された人たちにまで救済の手を差し伸べたことは評価すべきであろうが、他方でそのように差別された人たちを前世の因果として諦めさせる役割をも負っていたこともまた、認めなければならないであろう。そこに三世因果説《さんぜいんが》の問題が残されることになる。

しかし、そのような限界は有しながらも、中には仏教の超越的な性格に基づいて封建的な倫理を超える方向性を持つ場合がなかったわけではない。たとえば盤珪は、「男女に何の替りがござらふ、男も仏体、女も仏体」(『盤珪仏智弘済禅師御示聞書』)とはっきり断定している。さらに、子なき女が非難されるような時代にあって、「子なき女とても、男女ともに、仏心そなはる身の上に、後世《ごせ》願ふても仏とならぬといふ事有や」(同)と、子なき女でも差別されるいわれがないことを明白に主張している。後述のように、禅の立場から女性の自己主張が見られることとも考え合わせて興味深い。

なお、仏教の布教という面で、特筆すべき僧として袋中《たいちゅう》(一五五二―一六三九)の名を逸することができない。袋中は浄土宗の僧であるが、日本全国を巡って教化に務め、中国に渡ろうとして琉球に至り、島民教化に努めた。

諸教との交渉

排仏論の動向

すでに見たように、近世初期から儒家の立場からの仏教批判が出され、『儒仏問答』のような論争になっている。その後も、さまざまな立場から厳しい仏教批判が寄せられ、次第に仏教側は防戦に追われるようになった。排仏論の諸動向について、以下、柏原祐泉の整理にしたがって概観しておく（柏原、一九七三）。

排仏論には大きく分けて、儒学者と国学者のものがある。儒学者からの排仏論の論点としては、仏教の範倫理性に対する批判がもっとも多かった。また、儒学者は神儒一致の立場から、仏教を国風に反するものとして批判することも多かった。儒学者の排仏論で注目されるものに、政治経済上の政策論の立場からするものがある。これは、寺院や僧侶が生産の役に立たず、その華美なあり方が社会の無駄だとするものである。近世後期になると、科学的な立場からの排仏論が活発になる。それも二つあり、ひとつは仏教の宇宙論、来世観、因果観などの思想内容に関するもので、極楽・地獄の有無や須弥山《しゅみせん》説が問題となった。もう一つは歴史学的な面からの批判で、大乗非仏説論がそれに当る。国学者による排仏論は国風を阻害するものということが大きかったが、近世後期になると、復古国学の立場から、古代精神に反する点や須弥山説の問題、大乗非仏説論などが取り上げられた。

新井白石の『鬼神論』

ここでは、仏教を批判しながら、それと関連して儒教のほうで大きな問題となった鬼神《きじん》論について触れておきたい。仏教では三世《さんぜ》の因果やあるいは浄土往生によって来世のことも説明されるが、儒教では来世がどうなるのか必ずしもはっきりしない。しかし、儒教でも祖先祭祀は重要な意味を持つ。そこで、死後の魂、儒教的に言えば「鬼神」をどう説明するかが大きな問題となった（子安、二〇〇二）。ここでは、儒教的合理主義の立場からの代表作ともいえる新井白石（一六五七―一七二五）の『鬼神論』を見てみよう。

儒教では多く生死を「気」という一種の宇宙的なエネルギーの集散で説明しており、白石もその説に従っている。「人ノ生《いくる》ト死《しぬ》ルトハ陰陽二ツノ気ノ集ルト散ルトノ二ツニシテ、集レバ人ト成、散テハ又鬼神トナル」と見る。しかし、それでは「彼人《かのひと》モ此人モ共ニ一気ノ生ゼル所」であるから、鬼神の個別的な相違が成り立たなくなってしまう。そうなると、「其祖考ノ神ノミ必ズ其子孫ノ祭ヲ受ン事心得難キ」ことになって、祖先祭祀が成り立たなくなる。それに対して白石は、「人貴ケレバ其勢大ニシテ其魂強ク、富ヌレバ其養厚クテ其魄強ク」、そこに鬼神にも相違が出てくるという。天子はもっとも貴く、富んでいるから、死後も上帝の左右にいる勢力を持つ。それ以下は、「物ノ精ヲ用ルコトヲノヅカラ多キ少キ有テ、其魂魄《こんぱく》モ又強弱アリ」ということになる。従って、祖先祭祀にもまた相違が出てくるわけである。他方、非業の死者は、「死シテ後、其気散ズルコトヲ得ズシテ」さまざまな怪事をなすこともありうる。

このような立場から、仏教の輪廻《りんね》説が批判される。「彼（仏家——引用者注）ガ云《いう》所ハ三世ト云トモ、誠ハ只《ただ》ヲノガ身一人也。聖人ノ宣《のたま》フ所ハ上中下ニ通ジテ、千百世トイフトモ唯一ツ家ニテゾアル」と言われるように、仏教の輪廻説では、一人の人の魂の輪廻を説くが、それでは家の倫理は成り立たない。祖先の善悪が積み重なって子孫に及ぶと見なければならない。

このように、白石は儒教の立場から祖先崇拝の正当性と家の倫理を、鬼神という観点から説明する。だが、現実の問題として、幕府は葬儀や墓地の維持を仏教式で行なうことを強制し、儒教式の祭儀を認めなかった。白石もまた、浄土真宗の寺院に墓地がある。仏教の強みはまさしく葬式仏教にあり、それに対して、日本の儒教は礼なき儒教であるといわれるように、儀礼を伴わないところに決定的な弱みがあった。幕末になると、神道の立場で平田篤胤《ひらたあつたね》が『鬼神新論』などを著して、新たな霊魂観の確立を目指すとともに、神道界では神道式の葬儀である神葬祭の運動が起り、葬式仏教から葬儀を奪取しようとする。尊《そん》皇攘夷《のうじょうい》を目指して神道運動は高まりを見せるが、結局葬儀の奪取には成功できなかった。

仏教側の三教一致論と『旧事本紀大成経』

ところで、さまざまな排仏論に対して、仏教側では仏教擁護の護法論が書かれた。これにもまたさまざまなタイプがあるが、多くの場合、既存の教学を前提としており、必ずしもそれによって大きな思想的な展開があったわけではない。しかし、儒教側が仏教を排除して、多く神儒一致の立場を取ったのに対して、仏教側は多く神仏儒の調和を説いて諸教の総合を図ろうとしたこと、儒教の世俗倫理重視に対して仏教側も世俗倫理に力を入れたところなど、注目すべきところが見られる。

ここでは、浄土宗の大我《だいが》（一七〇九―八二）の『三彝訓《さんいくん》』（一七五八）を取り上げてみたい。大我は武蔵の出身。もともと真言宗の僧であったが浄土宗に転じ、山城正法寺の住職となったが、狂気を装って出奔《しゅっぽん》し、江戸で多くの著作を著した。その学問は、仏教内では華厳・天台・律・禅などに及び、儒教にも詳しかった。『三彝訓』は、荻生《おぎゅう》徂徠《そらい》の古文辞学が、古典の解釈だけに留まり、実践を伴わないことを厳しく批判している。大我はそれに対して、仏教も仁義忠孝によって天下を安んずる道を説くことを言い、また、「実に吾が豊葦原の中津国、又は千足《ちた》るの国と名づく。何の足らざるありて、漢・韓・竺乾《じくけん》の国に謝《げ》せん」と、日本主義的な神道論をも展開している。

このような立場から、大我は三教一致へと向う。

仏神聖賢深くその禍を憫《あわれ》みて三国に出御し、教を万世に垂れて、人をしてこれに由りて惑を解かしむ。これを以て、三教、途を殊《こと》にすといへども、その帰、一なり。善を勧め悪を懲《こら》して、人心を正しくする所以《ゆえん》なり。

ここでは、三教の帰するところは一つであるとして、その根幹を勧善懲悪の倫理性に求めている。近世の世俗倫理重視の立場が、三教一致の根拠とされるのである。

ところで、大我はこのことを証拠立てるために、「聖皇の曰く」として、「政は学にあらざれば立たず。学の本は儒釈神なり」以下の長文を引くが、この引用ははなはだ興味深い。

「聖皇」というのは聖徳太子のことであるが、これは『先代旧事本紀大成経《せんだいくじほんぎたいせいきょう》』（『大成経』）の引用である。この『大成経』は七十二巻に及ぶ膨大な聖典で、三教一致を説くが、じつは仏教界・神道界を巻き込んだ大きなスキャンダルを惹き起こした偽書だったのである（圭室、一九八〇　藤原、二〇〇四）。

『先代旧事本紀』は聖徳太子作と伝える歴史書で、『古事記』『日本書紀』と並んで神道で重んじられてきたが、じつは平安期に作られた偽書であることが、すでに近世にかなり詳しく論じられていた。その『旧事本紀』はじつは完全なものではなく、そのもとになった完全版こそが『大成経』だという触れ込みで、延宝七年（一六七九）に『大成経』が出版されたのである。その出版を推進した中心人物が、黄檗《おうばく》宗の潮音道海《ちょうおんどうかい》（一六二八—九五）だった。潮音は隠元《いんげん》にも学び、木庵《もくあん》から印可を受けた、鉄牛《てつぎゅう》と並ぶ黄檗宗の逸材である。

本書が刊行されると、幕府の要人にまで信奉者が現われ、大きな話題を呼ぶことになったが、それに異議を申し立てたのは伊勢神宮の神官であった。というのは、本書には伊勢三宮説という他に見えない新奇な説が記されているからである。伊勢三宮説というのは、内宮《ないくう》・外宮《げくう》の両宮に加えて、志摩国の伊雑宮《いぞうぐう》をいれて三宮とし、しかも、伊雑宮こそが本宮で、内宮・外宮は星の神、月の神を祀っているに過ぎないとするものである。両宮の神官の訴えを受けて、天和元年（一六八一）幕府は版木を破却して版本を回収し、潮音、並びに潮音のところに本書を持ち込んだとされる神道家永野采女《うねめ》らが流罪に処せられた。

本書の偽作者は潮音だとも言われたが、どうもそうではなく、他の人、おそらくは采女ではないかと言われている（藤原、二〇〇四）。いずれにしても偽作された禁書にもかかわらず、その後もなお用い続けられ、大我もまたそれを権威のある聖典として引用しているのである。

本書は、神話・古代史から、暦学・医学・占いなどまで含み、壮大な内容で、偽書としてもきわめて興味深いものである。そこでは、当然ながら聖徳太子が聖人視されて重視されている。その中で、巻七十は大我も引用している箇所であるが、憲法本紀と題され、十七条憲法を扱っている。しかし、それが通常言われる憲法だけでなく、五種類もの憲法が挙げられている。即ち、通蒙憲法（通常言われる憲法）、政家憲法、神職憲法、儒士憲法、釈氏憲法である。神職憲法の第一条は「神道は三才の本、万法の根なり」で始まり、儒士憲法の第一条は「儒業は五常の宗、五倫の源なり」で始まっている。また、釈氏憲法の第二条には「釈典は三国の通宗、百機の帰極《きごく》なり」と言われている。このように、三教をそれぞれ賛美して、その合一を説く内容となっている。

仏教的な三教合一論があやしげな偽書として流布し、それが禁書となりながらも広く浸透していくのは、近世における仏教のあり方を象徴しているところがある。民衆の中に深く根ざしながら、表の言説の世界では必ずしも正統の位置を占め得なかった。そのことは近代以降になっても変わらなかったのである。

信仰の広がり

畸人と仏教

畸人と僧侶

仏教はもともと世俗を越えた真理を追究する。それ故、「顕《けん》」の世界よりも「冥《みょう》」の世界と深く関わる。確かに制度化された仏教界は必ずしも理想世界とは言えず、生臭い現世的な欲望や策略が渦巻いていたが、それでも、仏教が現世で充たされない人や挫折した人を受け入れる、いわばセーフティーネットとしての役割を果たしてきたことも事実である。中世における隠遁者は、このような世俗離脱に理想を求めた。彼らは世俗化した教団を離れ、僧位・僧階から無縁の遁世《とんせ》僧（松尾、一九八八）として自由を獲得した。そこでは、世俗の規則に縛られない自由な活動が認められ、そこから世俗世界に対する批判的な目を持つことが可能となった。中国では老荘《ろうそう》や道教《どうきょう》に求められた隠者《いんじゃ》的世界が、日本では仏教に吸収されたところもある。『徒然草《つれづれぐさ》』をはじめとする随筆や説話など、隠者的な仏教者の文学は、このような理想を指し示すものであった。

近世になると、仏教は世俗的な国家権力の制約を大きく受け、その活動の幅も狭められた。また、生産力が向上してある程度経済的に余裕ができてくると、必ずしも出家して寺院に頼らなくても、いわば遊民的な文化人として生きる道も可能となってきた。伴蒿蹊《ばんこうけい》（一七三三―一八〇六）の『近世畸人伝《きんせいきじんでん》』（一七九〇）は、僧侶や儒者、医者などの知識人から、遊女や農民などに至るまで、有名・無名のあらゆる階層の「畸人」と言われる人々の、高雅な志に従った生き方が描き出されている（「畸人」はもともと『荘子』に出る語）。その中に取り上げられている僧には、次のような人がいる。

僧桃水《とうすい》――筑後《ちくご》の人。乞食となり、京四条河原などで貧人救済。
僧無能《むのう》――陸奥《むつ》の人。浄土宗。女性の誘惑にも心を動かされず、ひたすら念仏する。
僧鉄眼《てつげん》――肥後《ひご》の人。大蔵経《だいぞう》刊行を発願《ほつがん》するも、飢饉にあって救済活動。
尼破鏡《はきょう》――近江《おうみ》の人。夫の死後、尼となる。箏《こと》の名手。
売茶翁《ばいさおう》――肥前《ひぜん》の人。京に出て、還俗《げんぞく》し、茶を売り、貧を楽しむ。
別首座《しゅそ》――白隠《はくいん》の弟子。寺を持たず行脚。

僧円空《えんくう》――美濃《みの》の人。寺を出、鉈《なた》一丁で仏像を刻む。
僧契沖《けいちゅう》――近江の人。真言宗。歌学で知られる。
僧仏行坊《ぶつぎょうぼう》――坂本に隠居して、俳諧を楽しむ。
僧日初《にっしょ》――摂津《せっつ》に寓居。日本史の本を著す。
僧涌蓮《ようれん》――伊勢の人。高田派。寺を辞し、京で念仏と和歌に過ごす。
求大雅僧《ぐたいが》――池大雅《いけの》を追って、陸奥から京まで上る。
僧似雲《じうん》――安芸《あき》の人。歌を好み、住所を定めず、今西行と言われる。
僧恵潭《えたん》――奥州の人。遁世の志深く、禅を学び、吉野の奥に住む。
惟然坊《いぜん》――美濃の人。富貴から貧困となる。俳諧をよくし、芭蕉の門人。
淡海狂僧《おうみ》――近江を狂い歩き、僧に問答を仕掛ける。
僧丈草――尾張の元武士。出家して、湖南に住む。俳人。芭蕉の門人。
美濃隠僧――美濃山中に四十六年幽居不出。
白幽子《はくゆうし》――洛東白川山中に住み、白隠に養生法を教える。
最後の白幽子などは僧ではないが、このような隠者も含めれば、もっと数は多くなる。
これらの僧は、中世の遁世僧と同様に、単に出家するというだけでなく、寺院に住することを拒否し、貧困の中に自由な生き方を選んだ。彼らは単に出家と言う形をとっただけでなく、その生き方、考え方には仏教の思想が生きている。たとえば、ここには契沖（一六四〇―一七〇一）が挙げられている。よく知られているように、契沖は『万葉代匠記《だいしょうき》』によって、その後の国学の古典研究のもとを作ったと言われる。それは、中世の仏教的な和歌解釈から離れて、古典の言語の実証的な解釈に基づくとされる。しかし、そのような言語観は、彼の属する真言宗の陀羅尼解釈に範を取るものとも言われ、仏教と無関係ではない。

売茶翁高遊外

ここでは、売茶翁の場合を見てみよう（末木、一九九八b）。売茶翁高遊《こうゆう》外《がい》（一六七五―一七六三）は佐賀の人。十一または十二歳で同郷の龍津寺に入って化霖道《けりんどう》隆《りゅう》の弟子となり、元昭と名のり、月海と号した。化霖は黄檗《おうばく》宗に属し、隠元《いんげん》の弟子独湛《どくたん》性《しょう》瑩《けい》の法を嗣《つ》いでいる。各地で厳しい修行を積んだ後、三十三歳で龍津寺に戻り、化霖に随侍した。化霖の没後、法弟の大潮元皓《げんこう》に寺を譲って上京し、享保十五年（一七三〇）頃に京に住まうようになった。ちなみに、大潮もまた、文人として知られている。

同二十年（一七三五）頃には売茶の生活に入ったと思われる。それは、移動型の炉や釜などを運んで、東福寺門前などで煎茶を飲ませる、一種の移動式の喫茶店のようなものである。煎茶は黄檗宗とともに伝来した新来の文化で、従来の抹茶に較べて安価で、庶民的な飲み物であった。ちなみに、このことによって、売茶翁は煎茶道の祖とされる。寛保二年（一七四二）には処世上の理由から還俗し、売茶翁高遊外を名乗り、その後、赤貧の中で、当時の京都の文化人たちのサークルの一つの中心となって、亀田窮楽《かめだきゅうらく》・伊藤若冲《いとうじゃくちゅう》らと高雅な交わりを持った。

売茶生活に入って以後、その心境は詩偈《しげ》の形で歌われた。そこにはすべてを捨て去った枯淡の境地が、禅の理想と結び付けられて、独自の世界が歌い上げられている。例として、晩年の一首を引いておく。

夢中作

困去窮来無一物　　困《こん》じ去り窮め来て一物無し

清貧瀟灑淡生涯　　清貧瀟灑《しょうしゃ》　淡生涯

唯余半夜寒窓月　　唯《ただ》半夜寒窓の月を余して

一片禅心相照帰　　一片の禅心　相照して帰る

（『売茶翁偈語』）

（すっかり困窮して何ひとつない。あっさりさっぱりとした清貧の一生。ただ冬の夜中に窓

から見える月だけが残り、純粋な禅心と照し合いながら、本来のありかへと帰ってゆく）
結句に「一片禅心」とあるように、最後まで禅の世界を求めていたことが知られる。

良寛の漢詩

漢詩の世界では、僧侶で優れた人が多い。深草元政《ふかくさのげんせい》（一六二三―六八）、大潮元皓《だいちょうげんこう》（一六七八―一七七〇）、大典顕常《だいてんけんじょう》（一七一七―一八〇一）、六如《りくにょ》慈周《じしゅう》（一七三四―一八〇一）らが名高い。ここでは、良寛《りょうかん》（一七五八―一八三一）の場合を取り上げてみよう。良寛は越後《えちご》の名主の子として生まれ、十八歳で父の後を継ぐが、すぐに曹洞《そうとう》宗の寺で出家してしまう。玉島《たましま》（岡山県倉敷市）の円通《えんつう》寺《じ》で国仙《こくせん》和尚のもとで厳しい修行を積む。その後、各地を行脚した後で、四十代で越後に帰り、やがて国上《くがみ》（燕市）の五合《ごごう》庵に住み着く。晩年はそこを離れ、最後は豪商木村元右衛門の邸内で亡くなった。生涯、寺院の住職となることなく、貧困のうちに自由人として過ごした。しかし、それは必ずしも最初から良寛が積極的に求めたというよりも、対人関係

図15　良　寛

に挫折し、寺院社会の中でも受け入れられなかった中から、取らざるを得なかった道とも言える。

良寛というと、子供たちと鞠《まり》をつく天衣無縫《てんいむほう》の老人というイメージが強い。しかし、その漢詩をひも解くならば、現れてくる世界はおよそ異なっている。円通寺での厳しい修行、道元《どうげん》の『正法眼蔵《しょうぼうげんぞう》』に向かう慎みと喜び、当世の禅風の衰えへの嘆きと批判等々、それらは洒脱な自由人とは全く異なる硬質な世界を展開させている。たとえば、『法華讃』と言う一連の作品がある。『法華経』を禅の境地から歌ったものであるが、たとえば、巻頭の一首は次のようなものである。

開口謗法華　　口を開くも法華を謗《そし》り
杜口謗法華　　口を杜《と》ずるも法華を謗る
法華云何讃　　法華云何《いか》んが讃ぜん
合掌曰　　　　合掌して曰く
南無妙法華　　南無妙法華
　葫蘆藤種纏葫蘆　　葫蘆《ころ》の藤種は葫蘆を纏《まと》う

『法華経』を讃ずるに当って、言葉で表現しても誹謗することになり、沈黙していればよいかというと、それでも誹謗することになる。言葉に出してもだめ、沈黙もだめ、というディレンマの中に追い込まれて、そこでどのように讃ずることができるのか、というものである。論理的な表現の限界まで言語を追いつめ、そのぎりぎりのところで「南無妙法華」という一句が出てくるというのである。

最後の一行は著語《じゃくご》と言われるもので、禅の境地を簡潔な語句で示したものである。ここは、『正法眼蔵』葛藤の巻に出る先師（如浄《にょじょう》）の語を使っている。「葫蘆の藤種」（ひょうたんのつる）は、言葉のことで、言葉が人を束縛するとともに、それを通してはじめて真理に至りうるという二重性を表わし、『法華経』の文面に捉われることを戒めるとともに、自ら進んでその藤種に身動き取れないまでに巻き取られることなくして、その体得はありえないことを言っている。

このように、『法華経』を禅の立場から読み込むという非常に難しい課題に挑んでいる。そこにうかがわれるのは、『正法眼蔵』を深く読み込んだきわめて生真面目な禅の求道者《ぐどうしゃ》の姿であり、洒脱な鞠つき良寛とはまったく異質のように見える。しかし、子供たちと鞠をつく自由人良寛は、このような禅者良寛があって、はじめて成り立つのである。

女性と仏教

仏教における女性

近世の女性というと、厳しい封建的な差別に苦しんでいたというイメージが強い。女性の教育に使われた悪名高い『女大学《おんなだいがく》』は、もともと貝原益軒《かいばらえきけん》（一六三〇—一七一四）の『和俗童子訓《わぞくどうじくん》』の「女子を教ゆる法」から発展したものであるが、益軒の書には、「父の家にありては父にしたがい、夫の家にゆきては夫にしたがい、夫死しては子にしたがうを三従という」という三従や、父母に従順でなかったり、子供のいない妻は離縁してよいという七去など、厳しい男女差別を説き、「婦人は別に主君なし。夫をまことに主君と思いて、うやまいつつしみてつかうべし」等と、女性にひたすら忍従を強いる内容になっている。

そのような状況ではあるが、女性たちは決して唯々諾々《いいだくだく》と忍従していたわけではない。近世は、女性が文学、美術など、幅広い領域に本格的に進出した時代でもあった。たとえば、儒者で歴史家の頼山陽《らいさんよう》（一七八〇―一八三二）の周辺には、江馬細香《えまさいこう》（一七八七―一八六一）、平田玉蘊《ひらたぎょくうん》（一七八七―一八五五）などの女性の詩人や画家が才を競っていた。山陽の父春水も漢学者であったが、その妻で山陽の母梅颸《ばいし》（一七六〇―一八四三）は二十六歳から八十四歳までの日記を残し、貴重な資料となっている。このように、この時代の女性たちは、一方で差別に苦しみながらも、もう一方では、限られた範囲とはいえ、高い教養をそなえ、豊かな才能を発揮できるような状況も整いつつあった。

それでは仏教はどうであっただろうか。もともと仏教の女性に対する態度は両義的である。釈尊ははじめ女性の出家を認めなかった。後になって養母ゴータミーの懇請でようやく尼僧教団を認めたものの、男性よりも厳しい戒律を課した。また、女性の出家を認めたために、正しい教えの存続が難しくなったと仏は歎いたという。このように、男性の優位はずっと維持されたが、しかし女性の悟りや救いも認められないわけではなかった。

日本でしばしば取り上げられるのは、『法華経』提婆達多品《だいばだったほん》である。ここでは、一方で五障と言われ、女性は梵天王《ぼんてんのう》・帝釈天《たいしゃくてん》・魔王・転輪王《てんりんのう》・仏身《ぶっしん》になれないという。中でも仏身になれないということは、女性の悟りを否定することになる。しかし他方、提婆達多品では竜王の娘竜女《りゅうにょ》の成仏を説いている。ただし、その際には変成男子《へんじょうなんし》と言われ、男に変身して成仏するとされた。このように仏教は一方で女性の差別を助長しつつ、他方で女性の救いを説くという二重性を持っている。

中世後期になって普及した経典に『血盆経《けつぼんきょう》』がある。これは中国で成立した偽経であるが、出産や月経の血の穢れのために女性は死後血の池地獄に堕ちると説くもので、さまざまな形態で広く信仰された。このように、中世後期から女性の差別は強くなったと言われている（野村、二〇〇四）。しかし他方、江戸初期に流行した説経節では、『さんせう大夫』の安寿でも、『小栗判官《おぐりはんがん》』の照手《てるて》でも、女性の力が男性の救済のために大きな役割を果たしている。

祖心尼

ここでは、女性自身が自ら思想を表現した例として、祖心尼《そしんに》と橘 染子《たちばなのそめこ》の場合を取り上げてみよう（末木、二〇〇六a）。祖心（一五八八―一六七五）は武士の家の出身で、前田利家《まえだとしいえ》に引き取られ、一度は結婚に破れ、会津蒲生《がもう》氏の重臣町野氏と再婚した。山鹿素行《やまがそこう》に慕われるほどの学識を持ち、後に将軍家光《いえみつ》の優遇を得て、請われて大奥で仏法を説いた。祖心は正式に出家修行したわけではないようであるが、最初の結婚に破れた後、叔父に当る妙心寺雑華院《ぞうげ》の住職一宙和尚のもとに身を寄せており、その頃から仏教に心を寄せていたものと思われる。家光に土地を賜り、蔭涼山済松寺《さいしょうじ》（東京都新宿区）を開いた。

祖心の著作としては、『祖心尼公法語』と『挙一明三《こいちみょうさん》』が知られている。『祖心尼公法語』を見ると、世俗を捨てなくても修行できるか、という問いに対して、「在家にありても出家にありても、居所によるべからず、只何々の上にても、心ざしを本として、事々そのわざ〳〵に対して、信心の錬磨功積りて自由を得べし」と、在家・出家にかかわらず、どのような状態でも信心の修行をなすべきことを述べている。

その段の後半では、「今時古則などをさづけ候事、是ははるかのちに出来たる事と見へ申候、出家などの寺の道具程の物にて候」と、古則公案を授けて参禅するという禅寺の修行が、「寺の道具程の物」に過ぎないとして、厳しく批判されているところが注目される。そこから、「古則をうけ、坐禅などの事は、かならず〳〵うち置きたし、真実の坐禅と申候は、此心ざしにとゞまり、時々にまよひの我をしり、心ざし変ぜず、真の道をつとめ候事、真実の坐禅にて候」と、通常の意味での坐禅をも不要として、「心ざし」こそ重要であると見、「心ざし変ぜず、真の道をつとめ」ることが「真実の坐禅」であるとしている。

それは具体的には、「菩提心」を強くして、「一心を建立いたし、三世の諸仏の一心とへだてなくなり候と、信心つよく候はゞ、自由の身になられ」と言われるように、「一心」「信心」の重要性へと帰着する。

このように、在家・出家を問わないと言いながらも、実際には、禅寺での修行ができない在家者に可能な道を提示しており、それが「心ざし」の重視、とりわけ「信心」の重視になる。これは、祖心自身が必ずしも専門出家者として修行しているわけではないこと、説法の相手が将軍や大奥の女性たちであったことに由来しよう。ただし、その法語には特に女性の立場ということが自覚的に問題にされているところはない。

橘染子

橘染子（一六六七―一七〇五）は飯塚氏の出身で、柳沢吉保《やなぎさわよしやす》の側室となり、貞享四年（一六八七）、継嗣吉里を生んだ。この吉里が実は将軍綱吉のご落胤であるというゴシップが広まり、柳沢騒動と呼ばれるスキャンダルとなった。元禄三年（一六九〇）、次男長暢誕生。だが、三歳で病没。続いて元禄五年に生まれた三男安基も三歳で没し、元禄六年に生まれた女子幸子（易仙）も元禄八年に同じく三歳で没した。その精神的危機の中から禅に心を寄せ、小日向《こびなた》龍興寺《りゅうこうじ》の雲巌に参ずることとなった。その記録が『故紙録《こしろく》』である（末木、二〇〇〇）。宝永二年（一七〇五）五月十五日、三十九歳にて没し、龍興寺に葬られた。橘染子というのは『故紙録』にある著者名であるが、なぜ橘を名乗ったか不明である。

　染子の禅の実践と研究は、染子自身の人生上の問題に発するものであるが、その際、吉保の影響は見逃されない。吉保は二十歳のときに、小日向龍興寺の竺道《じくどう》祖梵《そぼん》に参禅してから、さまざまな禅の師匠に参じ、その様子は、自ら編集した『勅賜護法常応録』に詳しい。同書は吉保がこれらの諸師と交わした書簡や法語を集めて編集したもので、宝永二年頃の成立である。同書に和文の注を加えたものが『護法常応録鈔』であるが、その序によると、吉保が集めた語録を染子が和文に訳す予定であったが、染子の死により実現しなかった。そこで、吉保自身が筆を執ってそれを実現させ、染子の『故紙録』とともに龍興寺に納め、副本を吉里に与えたという。染子の禅の境地がそれだけすぐれていたこと、吉保が染子を深く信頼していたことが知られる。

　『故紙録』は、染子の宗教的自伝とも言うべきものであり、幼児期に仏教に触れたはじめから、雲巌から印可を受けるまでのことを記している。染子はもともと宗教的な感性に富んだ少女であり、九歳で母を失ってから信心深く過ごした。吉保の側室となってからは、真言律の復興者覚彦浄厳《かくげんじょうごん》（一六三九―一七〇二）と、その弟子慶範の教えを受けたが、必ずしも納得しなかった。三人の子供をいずれも三歳で失って、その衝撃によってノイローゼ状態となったが、そのとき、吉保の勧めで禅の教えに触れるようになった。元禄八年（一六九五）、吉保は雲巌を招き、その際に染子は雲巌から「釈迦・弥勒ハ是レ他ノ奴《やっこ》、且《しばら》ク道《い》ヘ佗《た》ハ是レ阿誰《あすい》」という東山五祖法演の公案を授けられた。

その後、染子はひたむきな求道に明け暮れ、翌年、雲巌の菴《いおり》に参じたとき、「我ヒタスラ本参ノ話頭ヲ提撕《ていぜい》セリ。サリナガラ、知ラズ覚ヘズ他念ノ生ズルヲイカニ」と問うと、師は「善女人ハ却《かえ》リテ念ノ生ズルヲ嫌ヒタマフヤ」と言って席を立った。染子は「亡前失後シ、ハタトユキアタリテ無語ナリキ」という有り様であった。その時、傍らの人から、「話頭ト他念トコレ同カコレ別カ」と迫られ、ついに「忽然《こつねん》トシテ前後際断シ、ヒタスラニタダ阿誰阿誰トノミ答フ」というに至った。翌日、雲巌の弟子の岱首座《たいしゅそ》がやって来たとき、「忽然トシテ疑ヒ破ル」ことができ、その翌日には雲巌を招き、その印可を得ることができた。

このように、染子は在家の身でありながら、我が子を三人失うという過酷な経験をきっかけに禅の体験を深め、印可を受けるに至った。『故紙録』は短いながらも飾ることなくその経緯を簡潔かつ的確に記しており、一人の女性の精神遍歴の書として稀有の貴重な記録となっている。そこには、祖心の法語や著作には見られなかった女性のなまの声を聞くことができる。染子には他に、『無門関』の提唱録『鳥のそら音』が帰せられている。

祖心も染子もともに禅に拠りどころを求めている。禅は複雑な教理的な概念操作を用いずに、自らの主体の確立を実践的に求めるので、在家出身の女性でも近づきやすく、自己表現が可能であったということがあろう。必ずしも十分に成熟したものとはいえないが、こうして女性が自らの思想を表現することができるようになってきたのである。

民衆の信仰

多様な庶民信仰

本書では、主として知識人の思想や行動を中心に見てきている。しかし、近世には仏教は一部の知識人や上流階級のものではなく、民衆の間にまで広く浸透するようになっていた。寺檀《じだん》制の下で、住民の生死はもちろん、旅行の際の通行手形まで寺院の世話にならなければならないので、仏教は生活の隅々にまで関わるものとなった。寺院は行政的な役所でもあり、文化センターでもあり、よろず相談所でもあった。駆け込み寺（縁切寺）のように、社会的弱者である女性のためのシェルターとしての機能も果たしていた。娯楽が限られていた時代、しばしば寺社は娯楽の場でもあり、宗教行事は同時にレクリエーションとしての意味も持っていた。

たとえば、寺社への参詣は、庶民が旅行を許される数少ない名目の一つであり、伊勢参りをはじめとする寺社参詣は、一面では旅の苦しさを伴いつつも、他面では交通路の整備によって観光旅行的な娯楽をも兼ねていた。旅行は経済的な負担を伴うので、参拝講を結んで、費用を積み立て、場合によっては代表者が選ばれて参詣する代参の形式も行なわれた。とりわけ伊勢参りは、奉公人が主人に断りなしに参詣できるというので、六十年周期でお蔭参《かげまい》りの熱狂的なブームを起こし、全国から数百万人規模の参拝客が押し寄せた。幕末の慶応三年（一八六七年）から明治元年（一八六八年）へかけては、伊勢の御札が天から降ってきたというので、全国的に人々が踊り狂う「ええじゃないか」の現象が起こり、世直しへの期待を高めた（藤谷、一九六八）。

寺院をめぐる巡礼の道筋としては、西国三十三箇所の観音霊場《かんのんれいじょう》はすでに院政期からあったが、一般庶民に広まるのは近世であり、東国三十三箇所、秩父三十四箇所と併せて、百箇所の霊場が成立した。また、四国八十八箇所の遍路《へんろ》も、それ以前から行なわれていたものが、十七世紀後半に整理された。真念《しんねん》の『四国辺路《へんろ》道指南』（一六八七）によって、ほぼ現在の八十八箇所が確定し、本書はその後長く四国遍路の手引きとして版を重ねた。

真念は行者として実際に行路の整備に努めたが、真念とコンビを組みながら、その理論付けを行なったのは、高野山《こうやさん》の学僧寂本《じゃくほん》（一六三一―一七〇一）であった。寂本は空海《くうかい》の伝記を研究したり、林羅山《はやしらざん》の神道論を批判したりした理論派であったが、空海との関わりで四国遍路の研究を進め、『四国徧礼《へんろ》霊場記』（一六八九）を著して、それぞれの寺院についてで由来を論じた。それまでは「辺路」と呼ばれて、僻地の困難な道をたどる苦行であったのが、ここでは「徧（＝遍）礼」と書かれるようになって普遍性を獲得するようになった。その後、さらに『四国徧礼絵図』（一七六二）に至ると、四国を胎蔵曼荼羅《たいぞうまんだら》と見て、遍路に密教的な意味づけが与えられるようになった。

その他、庶民の参詣の盛んな寺院としては、江戸の浅草寺、信州の善光寺、讃岐の金比羅《こんぴら》（金刀比羅《ことひら》）宮などがある。各地の寺院では、盛んに開帳を行ない、また、江戸などの人の集まるところで出開帳《でがいちょう》を行なって、寄付を募った。都会では、定着した伝統的な信仰だけでなく、新奇なものに目が向かい、流行神と呼ばれるような、神仏の流行現象が見られた。たとえば、疱瘡《ほうそう》（天然痘《てんねんとう》）の流行に対しては疱瘡神が流行し（ローテルムンド、一九九五）、福の神としての七福神、それと反対の貧乏神、その他、病気に効く神仏など、さまざまな神々が目白押しであった。地震は鯰によって起こされるという信仰から、安政《あんせい》の大地震（一八五五）の後には、鯰を描いた鯰絵《なまずえ》が大流行した（アウエハント、一九八六）。

その他、『百鬼夜行絵巻《ひやっきやぎょうえまき》』に見られるような、さまざまな妖怪変化の類も盛んに出没した（小松、二〇〇八）。幽霊が恐れられ、狐狸は人を化かすと信じられた。

これらの流行神や民俗信仰は必ずしも深い思索や信仰に基づくわけではないが、だからと言って無視してよいものではない。世俗化し、現世化した時代の中にあっても、合理的な説明で解決しきれない「冥《みょう》」の世界は背後に生きていた。病気や地震など、人間の力で除去できない災難に対しては、神仏を頼るほかなかった。それが中世と異なる形で表現されるようになったのである。またそれは、厳しい政治統制の中で鬱屈した庶民の不満のはけ口でもあり、ある場合には行き詰った時代に対する世直しの願望でもあった。一般の民衆が直接に政治的な活動を取りえない時代の中で、宗教はその代替行為という側面も持っていた。佐倉惣五郎《さくらそうごろう》などの義民《ぎみん》信仰は、怨霊信仰をもとにしながら、苦しむ農民のために立ち上がる指導者への共感と待望がベースとなっている。

地下信仰と新宗教

政治的な圧力は、ある場合には禁教という形での弾圧に至り、それに対しては熱心な信徒は地下組織を作ってその信仰を守った（片岡他、一九七四）。そのもっとも極端な例は隠れキリシタンであり、長崎の五島列島などで禁教下を耐え抜いた。仏教でも、日蓮宗の不受不施《ふじゅふせ》派は、もっとも厳しく取り締まりの対象とされ、寛文九年（一六六九）には不受不施派の寺請《てらうけ》が禁止された。信者たちは、表面的には受布施派に転向しながら、ひそかに不受不施の教えを守った。彼らの組織は、法頭―法中―法立―内信（一般信者）という縦の系列をとり、摘発に備えてさまざまな工夫を凝らして生き延びた。不受不施派が公認されたのは、明治九年（一八七六）のことであった。浄土真宗系統でも、念仏が禁止された薩摩で地下に潜った隠れ念仏や、より秘密結社的性格の強いカヤカベ教、あるいは浄土真宗から異安心《いあんじん》として否定された隠し念仏など、さまざまな形態で地下信仰が持続した。そこには、権力に妥協しない民衆の信仰の根強さをうかがうことができる。

こうした中で、既成の宗教の枠を超えて、民衆の救済を説く新しい宗教が次第に形を取ってくるようになった。いわゆる新宗教の成立である。その古い形態として、富士講《ふじこう》の中から生まれた食行身禄《じきぎょうみろく》（一六七〇―一七三三）は、世直し的な「ミロクの世」の実現を説いて、富士で断食によって入定《にゅうじょう》した。その系統は、丸山《まるやま》教・実行《じっこう》教などの教派神道教団に引き継がれた。断食入定による衆生救済は、東北の湯殿山《ゆどのさん》の即身仏《そくしんぶつ》にも見られる。

新宗教の性格をより強く持つのは、如来教の創始者一尊如来《いっそんにょらい》きの（一七五六―一八二六）である（浅野、二〇〇一）。きのは尾張《おわり》の国の貧しい農民であったが、享和二年（一八〇二）に突然神がかりして金毘羅大権現《だいごんげん》が如来様の教えを説き始めたという。如来様というのは世界創造の最高神であり、仏教の用語を使いながら、それに捉われない新しい神話に基づいた自由な宗教世界を切り開いている。如来様は、お慈悲で人々を救おうと思い、この娑婆《しゃば》世界を仏道修行の場として作ったという。「とかくお主達は、わけへだての心が止ぬが、人々を分へだてをせぬやうにして呉《くれ》されや」（『お経様』）と、わけへだてのない平等こそ大事と説いた。その教えに集まる人たちから次第に教団が形成され、明治には曹洞宗に属したが、今日は如来教として独立している。

このように、神がかりによってシャーマン的に最高神の教えを説く生き神的な教祖を中心に教団が形成されるようになるのは、幕末の新宗教の特徴で、その典型は天理教の中山みき（一七九八―一八八七）に見ることができる。みきは大和の庄屋の娘に生まれたが、十三歳で隣村の地主中山善兵衛に嫁いだ。厳しい農家の労働や夫の放縦、出産・育児の労苦の中で念仏に救いを求めていたが、天保九年（一八三八）、四十一歳のときに長男が足の難病に罹った。そのとき、臨時に山伏の加持《かじ》の憑《よ》りましとなったところ、神がかりし、「天の将軍」が三千世界を救うために天降り、みきの身体を「神の社《やしろ》」としてもらいうけたという。

その後、中山家は没落したが、みきは病気癒しや安産の祈禱で評判を得、次第に信者を獲得していった。「天の将軍」はやがて「てんりんわう」（天理王命）と名前が確定し、みきはその教えを「みかぐらうた」や「おふでさき」に書き付けるようになる。その中でみきは、「かみがで、　なにかいさいをとくならバ　せかい一れつ　いさむなり」（『みかぐらうた』）と、神の顕現により、あらゆる人の平等を説き、神の力による「よなおり」（世直し）を主張した。

明治になってからも、「高山に　そだつる木も　たにそこに　そだつる木も　みなをなじ事」（『おふでさき』第三号）と、「高山」と「たにそこ（谷底）」の譬喩で社会的な上下の差別を告発している。そして、「たにそこ」の立場から、「なんでもこれから　ひとすぢにかみにもたれて　ゆきまする」（『みかぐらうた』）と、世界創造者である親神に任せて日々に奉仕に励む「ひのきしん」を説き、「よるひるどんちゃん　つとめする」（同）という陽気暮らしを勧めた。神による世界創造の地で、神が顕現した中山家の屋敷は「ぢば」（地場）として聖地化され、中心となる祭壇の甘露台の建設が進められた。このようなみきの主張は明治になって危険視され、しばしば弾圧を受け、みき自身、明治十九年（一八八六）、八十九歳のときに厳寒の留置所に十五日間留置され、それがもとで翌年亡くなった。

抑圧された女性が神がかりを通して思いもかけない深層の宗教性を呼び起こし、世俗の権力をものともせずに信仰を貫いたところに、時代を超えた宗教の真実をうかがうことができる。

真宗の信仰

真宗の特殊性

仏教諸宗の中でも、浄土真宗の場合は他の諸宗と多少異なるところがある。蓮如以後、強い信仰共同体を持ち、一向一揆《いっこういっき》で政治的な力をも発揮したので、近世の政治権力からはきわめて危険視されていた。日蓮宗も同様に危険視されたが、不受不施派以外は妥協的であり、また、他宗と同様に多様な神仏の信仰を許容した。それに対して、真宗の場合は阿弥陀《あみだ》仏一仏に頼る一神教的な性格が近世を通して強く維持された。日本の多神教的な仏教に対して批判的だったシーボルトも、浄土真宗に対しては比較的好意的だった。有元正雄は、近世の宗教を複合的多神崇拝と主神崇拝に分け、真宗を後者に位置づけている（有元、二〇〇二）。

このように真宗は一神教的で、祈禱や呪術に否定的である。時には神祇《じんぎ》不拝の立場を貫くこともあった。日本で最大規模の仏教教団でありながら、日本の多神教的な風土と異なる特殊性を持っている。キリスト教、とりわけプロテスタントとの類似性をうかがわせる。真宗のこのような性格は真宗の近代性を示すものとして、近代になって高く評価された。実際、近代仏教の確立者とされる浄土真宗本願寺《ほんがんじ》派の島地黙雷《しまじもくらい》（一八三八―一九一一）も、明らかにこのような真宗の性格を基礎として仏教を近代的に意味づけようとしている。それに対しては最近、真宗の特殊性だけを強調することに対する批判もなされるようになってきた（引野、二〇〇七）。

肉食妻帯論

確かに真宗の近代性を強調し、他の宗派に対して優越するような見方は適当ではない。しかし、真宗に特殊なところがあるのも事実である。たとえば、僧侶の肉食妻帯を認め、それが幕府によっても公認されていたことは真宗の大きな特徴である。このことは、他宗との間で論争の種となっていた。西吟《さいぎん》（一六〇五―六三）の著作『客照問答集』には肉食妻帯のことが取り上げられている（ファン、二〇〇五a）。西吟はもともと東福寺で臨済《りんざい》禅を修めたが、浄土真宗に転じ、小倉の永照寺の住職となり、後に西本願寺学寮の学頭となった。永照寺では後に黄檗《おうばく》宗に転ずる鉄眼《てつげん》をも教えた。

西吟によると、「凡俗ニ混ズルコトコソ、源慈忍ノ成ズルトコロ」であり、また、「色欲ハ人ノコノムトコロニシテ、止レトモ止レドモヤメガタキモノ」であるから、「強《しい》テコレヲヤメバ、還テ邪婬ノ悪事ヲナサンコトヲ思テ、妻ヲ与テ而《しこう》シテ非道ニ婬ヲ行ズル悪事ヲ奪フ。コノ与奪ノコ、ロニ依テ持妻ヲ許セリ」と、妻帯を肯定する議論を展開している。

浄土真宗の妻帯は開祖親鸞《しんらん》に倣うものであり、近世になれば制度的に他宗と異なるところとなっていた。近世には僧侶の破戒が進み、実際には他宗でも妻帯に近い状態が多くなっていた。しかし、他宗においては、女犯《にょぼん》は建て前的には罪であり、それが公然化すれば単に教団内の問題ではなく、国法によっても犯罪として裁かれた。そこから、戒律復興運動がしばしば興され、教団刷新のエネルギーとなった。ところが、真宗においてははじめから妻帯が認められていたため、仏教の内部でもそれへの風当たりは強く、鉄眼もまた後に西吟を批判している。それに対して、真宗側は防戦に追われることになった。

後に明治になると、肉食妻帯許可令（一八七二）によって他宗も妻帯が解禁され、いわば他宗が真宗化し、真宗の妻帯こそが近代的な仏教を先取りしたものであるかのように見られるようになる。しかし、もともとは必ずしも近代化という観点から見られるべきものではない。

いずれにしても、真宗においては戒律による刷新という道が閉ざされ、代わりに信心のあり方が問題化するという、他宗派と異なる特殊性を持つこととなった。信心がどのようなものかは、本来言葉で説明できないはずであるが、それを説明しようとするところから信心をめぐる教義的な議論となり、いわゆる異安心《いあんじん》問題を生ずるようになった。すでに西吟に対して、「自性一心」の強調が禅の影響を受けたものだという批判が、承応二年（一六五三）に肥後の月感《げつかん》（一六〇〇—七四）から出され、月感騒動といわれる騒動に発展して、幕府によって月感が流罪に処せられた（ファン、二〇〇五b）。

三業惑乱の論争

近世真宗の最大の論争は、三業惑乱《さんごう》であろう。これは、宝暦一三年（一七六三）に西本願寺学林の能化《のうけ》（学林の学頭）平城寺功存《こうぞん》（一七二〇—九六）が『願生帰命弁《がんしょうきみょうべん》』を著し、三業帰命説を説いたのにはじまる。三業帰命説というのは、身口意《しんくい》の三業をもって「たすけたまへとたのむ」ことによって往生するという説である。功存の説は十劫安心《じっこう》説に対するものである。十劫安心説は、十劫の昔に阿弥陀仏が成仏した時に衆生の往生は確定しているのであるから、改めて帰命する必要はないという説である。それに対して、三業帰命説は、帰命という実践性を重視したものということができる。あたかも、安楽律《あんらくりつ》運動が、戒律不要とする本覚《ほんがく》思想を批判することで実践性を取り戻そうとしたのと似ている。

その後、功存の後継の能化智洞《ちどう》がこの説を盛んに説いたところから、今度はそれが自力主義に陥るということで、在野の大瀛《だいえい》らが厳しい批判活動を展開し、西本願寺は大混乱に陥ることになった。そこで、文化三年（一八〇六）寺社奉行が三業帰命説を不正義と断じて、一段落することになった。

この騒動をめぐっては、三業帰命説に主体的、能動的な近代への入り口に立つものと見る評価もある（奈倉、一九九〇）。しかし、最近の研究では単純に三業派対反三業派という二項対立では済まないとされ、むしろ、「『自力』の徹底排除や呪術的要素の切り捨ても、真宗が近世的な宗派意識を強化する過程として捉えなければならない」（引野、二〇〇七、一四〇頁）と指摘されている。その流れの上に「『自力』の徹底排除という現在まで繋がっていく真宗教義の根幹」（同）が形成されていくのである。なお、三業惑乱問題には地域的な特徴もあり、功存の出身地である越前では、後まで『願生帰命弁』の再版を求めたという（澤、二〇〇八）。

妙好人の信仰

このような議論に対して、具体的な信仰の姿を示すのが妙好人《みょうこうにん》と言われる篤信《とくしん》者たちである。彼らの行実は西本願寺派の仰誓《ごうせい》（一七二一―九四）の『妙好人伝』に記され、その後、他の人によって書き継がれて全六編にまで至った。ここには、民衆の中の真宗の信仰が生き生きと描かれている。ただし、教団側から描かれているので、親に孝を尽くし、奉公先でよく働き、本山のために寄進したり参詣するなど、封建体制に従順で、教団にとって都合のよい理想の信者像となっている。

初篇の中でもっとも長く、力を入れて書かれているのが大和の清九郎である。清九郎は貧農で文盲であったが、親に孝行を尽くし、親の枕を誤って足蹴《あしげ》にするといけないからと、それを天井に吊っておくほどであった。その孝行が領主に知られ、褒美を授けられると、一銭残らず本山に寄進した。ある時泥棒に入られて銀札七匁を盗まれたが、ちょうどよい時分に来て、盗むものがあってよかったと喜んだという。

西本願寺の門主が大和国に下向した折、冥加《みょうが》金を献上して、同行の中でただ一人門主に召し出された。そのとき、清九郎は、「只今御前へ召出されて、御言かゝりければ、誠に喜びて、同行へ向ひていはるゝは、『只今御前へ召出され、御言に預りし嬉しさ、身の毛いよたち難有《ありがた》きに、況《いわん》や浄土へ往生とげたてまつり、正身の如来様の、直の御言を蒙りなば、何程か難有からん』」と喜んだという。

このように、妙好人の信仰は必ずしも今日直ちに推奨できるような信仰の姿と言うことはできない。しかし、民衆の中にあるこのような篤信者が教団仏教の強固な基盤となっていたのであり、その力を侮ることはできない。それは世直し的な宗教に向うのとは別の、もう一つの民衆の宗教の姿と言うことができる。

ちなみに、近代になって鈴木大拙《すずきだいせつ》や柳宗悦《やまぎむねよし》によって高く評価された妙好人は、このような近世型の妙好人ではなく、幕末から近代になってからの妙好人であった。その典型は、浅原才市《あさはらさいち》（一八五一—一九三二）や讃岐の庄松（一七九九—一八七一）に見られる。才市は石見《いわみ》ではじめは舟大工、後には下駄職人として過ごし、仕事の合間にその境地を即興の詩歌の形で詠んで、鉋屑《かんなくず》に記したという。そこには、正統的な真宗の教義に収まりきれない法悦の境地が歌われている。それは、鈴木大拙が『日本的霊性』で取り上げるように、

お慈悲も光明もみなひとつ
才市もあみだもみなひとつ
なむあみだぶつ

と、「なむあみだぶつ」でお慈悲も光明も、才市も阿弥陀も一つになる境地である。それは、近世型の妙好人の封建道徳的側面を削除し、信仰の境地を純化したもので、大拙の霊性論にきわめて適合的であった。

このように、民衆の信仰は、それを取り上げる側の立場によって大きく左右されることに注意しなければならない。

信仰と造形

仏教の造形というと、まず古代から中世へかけての仏像が思い浮かべられるであろう。国宝に指定されているものも多く、日本美術史を飾る優品に満ちている。それと比べるとき、近世の仏教美術といっても、取り上げられることはきわめて少ない。江戸時代の本尊《ほんぞん》を有している寺院は各地に数多くあるが、ほとんど文化財としての評価は受けていない。その中にあって、比較的早く注目されたのは、円空《えんくう》や木喰《もくじき》など、諸国を巡りながら各地に多数の仏像を残した仏師《ぶっし》たちの活動であった。彼らの作った仏像は、民芸的な素朴さの中に躍動感や温かな味わいがあり、心を和ませてくれる。

円空と木喰

円空（一六三二—九五）は、『近世畸人伝《きんせいきじんでん》』にも、畸人の一人として取り上げられている。

そこに、「稚《おさな》きより出家し、某《なにがし》の寺にありしが、廿三にて遁《のが》れ出、富士山に籠《こも》り、又加賀白山にこもる」と言われているように、地元の寺院を離れてからは、各地で山岳修行のようなことを行なったようだ。「円空もてるは鉈《なた》一丁のみ。常にこれをもて仏像を刻むを所作とす」と言われるように、鉈彫りといわれる鉈の目の残った荒彫りで、現存するだけで数千体、伝えるところでは自ら誓願を立てて十万体もの仏像を遺したという。寛文六年（一六六六）には北海道に渡り、その後、東北はじめ各地を巡り歩いた。晩年は天台宗寺《じ》門《もん》派の法を継ぎ、自ら再興した弥勒《みろく》寺（岐阜県関市）で入定《にゅうじょう》した。

図16　円空仏（薬師如来像）

『近世畸人伝』では、「人を見、家を見ては、或は久しくたもつべし、或はいくほどなく衰べしといへるに、ひとつもたがふことなし」という霊威も伝えている。大丹生という池は池の主が人を取ると恐れられていたが、円空はその池を見て、近く大きな災難があると予言した。人々がその災いから逃れる法を尋ねたところ、鉈で千体の仏像を作って池に沈めると、その後、主が人を取ることもなくなったという。このことから、その仏像が持つ呪的性格を知ることができる。

木喰明満《みょうまん》（一七一八―一八一〇）は甲斐《かい》の出身で、真言宗系の山岳修行を積み、宝暦一二年（一七六二）に木食戒を受けた。木食戒というのは、五穀を断ち、木の実や草のみを食べることを誓うもので、近世初期の木食応其《おうご》（一五三六―一六〇八）は秀吉と親しく、高野山《こうやさん》復興に当たったことで名高い。高齢になって、安永二年（一七七三）から日本廻国に発ち、北海道をはじめとする各地に多数の仏像を遺した。円空仏が荒々しさを残しているのに対して、木喰仏は静かで穏やかな微笑の中に侵しがたい聖性がうかがわれる。

仏教絵画の自由表現

円空や木喰が廻国《かいこく》の伝統に立って、民衆の中に埋もれていったのに対して、禅の伝統に立って個性的な書画を遺したのが、白隠《はくいん》や仙厓《せんがい》であった。白隠慧鶴《えかく》については、禅による民衆教化ということで前章に触れたが、デフォルメされた自由闊達な筆遣いが魅力で、中世とは異なる人間味豊かな禅画で知られる。仙厓義梵《ぎぼん》（一七五〇―一八三七）は近世後期を代表する禅画家で、美濃《みの》の出身。博多聖福寺の住職となり、飄逸《ひょういつ》でユーモラスな禅画で知られた。

近世の仏教美術は、このように従来の枠にはまらない自由な表現を生んだ。一見、仏教とは関係なさそうに見えても、どこかで仏教と関係している芸術家は多い。たとえば、俵《たわら》屋《や》宗達《そうたつ》や尾形光琳《おがたこうりん》、葛飾北斎《かつしかほくさい》などは熱心な日蓮信仰者であった。中でも、世俗画と宗教画を橋渡しするような位置に立って、「奇想」とも言われる独自の画風を確立したのが、伊藤若冲《いとうじやくちゅう》（一七一六―一八〇〇）である（辻、二〇〇四）。若冲は京都錦小路《にしきこうじ》の青物《あおもの》問屋に生まれ、家業を継いだが、絵画に志し、四十歳で家督を弟に譲ってからは、世事に目もくれず、独身を通してひたすら絵画に打ち込んだ。相国寺《しょうこく》の文人僧大典顕常《だいてんけんじょう》と親しく、そこから売茶翁《ばいさおう》などとも交わった。

代表作ともされる「動植綵絵《どうしょくさいえ》」は三十幅にのぼって動植物の世界を描いたもので、写実的であるとともに、装飾的、あるいは超現実的で幻想的な世界が展開されている。しかし、釈迦三尊図とともに相国寺に献納されたことを考えると、決して美のための美を求めたものではなく、むしろ「動植物世界の曼荼羅」（辻、一九九〇）とも言える宗教世界の展開と見るべきである。六十歳代に描かれた「野菜涅槃図」は、釈迦涅槃図の図柄を野菜だけで描いたもので、ユーモラスな中にその真剣な仏教世界への傾倒がうかがわれる。

このように、近世の宗教画の世界を見てみると、世俗化して、「顕」の世界が表面に出

図17　「動植綵絵」（宮内庁三の丸尚蔵館所蔵）

ながらも、その裏の「冥《みょう》」の世界が息づいている時代の特性がよく分かる。『百《ひゃっ》鬼《き》夜《や》行《ぎょう》絵《え》巻《まき》』のような妖怪の世界も、単なる非現実的な空想でなく、実際に近世の人たちが生きていた心象の世界を描き出しているのである。

『仏像図彙』とギメの仏像収集

それ故、きわめて多様な仏・菩薩、さらには明王・諸天や神々が造形され、崇拝されていたのであるが、円空や木喰を除くと、近世の仏像は多く価値低いものと見られてきた。そのような仏像の図鑑に、「開

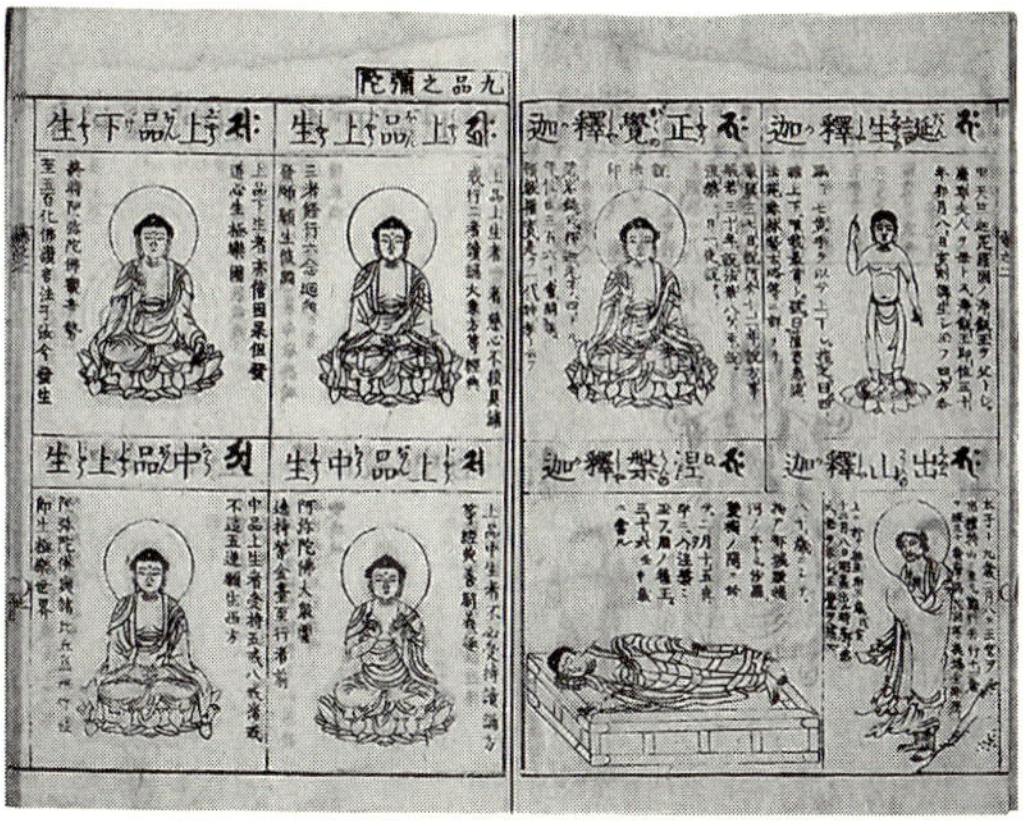

図18　『仏像図彙』（愛媛大学図書館所蔵）

かれた近世」の章で触れた土佐秀信の『仏像図彙』がある。それによると、傅大士《ふだいし》（輪蔵の発明者）、誕生・出山・正覚《しょうがく》・涅槃《ねはん》の釈迦、九品《くほん》の弥陀から始まり、三十三体観音、六地蔵、三十日《さんじゅうにち》秘仏《ひぶつ》、三十番神、山王七社、六大黒、一代守本尊、十三仏、七福神等々、神仏習合や俗信的な要素も含めて、ありとあらゆる仏像が取り上げられていて、興味が尽きない。「開かれた近世」の章に述べたように、本書はシーボルトの『日本』の宗教の章の記述に用いられるとともに、ホフマンによって詳細な訳注研究がなされた。

これらの仏像は、明治初めの廃仏《はいぶつ》毀釈《きしゃく》の嵐で壊されたり、二束三文で叩き売られたりしたものも少なくない。その時に、それらの仏像を買い集めたのがエミール・ギメ（一八三六―一九一八）であった。ギメは、フランスはリヨンの実業家で富豪であったが、アジア、アフリカの宗教民俗に関心を持ち、一八七六年から翌年にかけて日本・中国・インドなどに調査旅行を行ない、多数の宗教資料や美術を収集して帰った。

日本には、一八七六年（明治九年）八月二十六日横浜に到着し、十一月初めに神戸から出航したが、二ヵ月余の短い日本滞在中、東京・鎌倉・日光から、さらに東海道を通って京都にまで至り、精力的に寺社を訪れ、多くの宗教関係者と会見した。そして、その間に二百体を越える神仏像を収集した。そればかりか、東寺講堂の立体曼荼羅のきわめて精巧なレプリカも作らせている。ギメは帰国後、一八七八年のパリ万博の際に、アジアで収集した宗教資料を展示し、後にそれらを基にギメ博物館を創設した。

その際、ギメの収集は単に行き当たりばったりになんでも買い付けるというものではなく、きわめて一貫した体系的な構想のもとに収集されている。その鍵を握るものが『仏像図彙』であり、ギメはホフマンの独訳を手がかりに『仏像図彙』を用い、それに従って収集しており、図像的にも一致するものが多い。傅大士のような一般の信仰ではあまり大きな位置を占めない像も集められているのは、まったく本書によるものである。ギメの所蔵品にはシーボルト『日本』と『仏像図彙』原本がともに含まれ、『仏像図彙』には、仏像の通し番号と像名のローマ字表記が記入され、本書が具体的に活用された様がうかがわれる。

このことを明らかにしたのは、フランス日本学の巨星ベルナール・フランク（一九二七―九六）であった。江戸時代の彫刻を主体とするギメの収集品は、美術品として高度なものでないという理由で、冷遇され、倉庫に投げ込まれていた時期もあった。フランクは、それが近世末の日本の民衆の仏教信仰を明らかにする貴重な資料であることに気づき、それを整理して展示し直し、さらにその詳細な解説目録を作成した。それがこの碩学《せきがく》の晩年の最大の業績となった。それは『日本のブッダ・パンテオン』（一九九一）と題され、まさしくホフマンの『仏像図彙』独訳と同じ書名になっている。内容的にも、十九世紀中葉にホフマンが成し遂げたのと同様の詳細な研究であり、こうしてホフマン―ギメの偉業は、フランクによって最高の形を取って現代に甦ることになった（末木、二〇〇二）。現在、それらの仏像はギメ博物館別館（パンテオン・ブディック）に展示されている。なお、ギメ博物館本館は、今日フランス国立ギメ東洋美術館として、ギメ収集品以外も含めて、ルーブル博物館の東洋部に当たる役割を果たしている。

近世から近代へ――エピローグ

・仏教から神道へ

近世思想の変遷

近世の初・中期まで、仏教は民衆の世界はもちろん、知識人の思想の世界でもかなり大きな影響力を持っていた。すでに述べたように、近世が儒教の時代だというのはまったくの誤解であり、実際には仏教のほうが主流の思想であり、宗教であったと言っても過言でない。

そもそも日本の儒教は、東アジアの中でも特殊である。もともと儒教は道徳論とともに、礼といわれるさまざまな実践的な儀礼から成り立っている。それは皇帝による国家儀礼から、それぞれの家庭における冠婚葬祭にまで至るもので、『周礼《しゅらい》』『儀礼《ぎらい》』『礼記《らいき》』などに詳細に規定されている。ところが、日本では儒教を道徳的な教説として受け入れ、礼の要素を受け入れなかった(小島、二〇〇四)。

とりわけ注目されるのは、葬儀は仏教によってなされるべきことが幕府によって強制されたことで、一部の大名が儒教式の葬儀を取り入れようとしたが、禁止された。即ち、その意味で仏教が国教として採用されていたのであり、当然その影響力も儒教より大きなものがあった。とりわけ、武士階層や一部の上層の町人層には儒教の道徳が普及したところがあったとしても、それはごく限られており、一般の民衆には世俗道徳も仏教や石門心学《せきもんしんがく》などを通して普及された。

学問的にも、荻生徂徠《おぎゅうそらい》の古文辞学や本居宣長《もとおりのりなが》の国学が、恣意的な解釈を排除して文献に基づく新しい方法を作り出したというが、そのような転換は仏教にも見られるものであり、そのもとには黄檗宗《おうばくしゅう》が伝来した新しい文献への関心ということがあったので、仏教のほうが先行していると言ってよい。

もっとも、そのような思想・宗教界における仏教の優位が、近世を通してずっと維持されたのかと言うと、必ずしもそうは言えない。仏教の創造的なエネルギーは近世の半ばまで継続するが、近世後期には次第に惰性に堕し、活力を失っていった。近世仏教堕落論が出てきたのは、おそらくこのような近世末の仏教の実態に基づいて、近世仏教全体を見ていたからではなかったか。

それでは、仏教に代わって、どのような思想動向が勢力を持つようになったのであろうか。常識的に考えれば、非合理的な宗教に代わって合理的、科学的な考え方が有力になると思われるかもしれない。実際、シーボルトの鳴滝塾《なるたきじゅく》で学んだ若者など、近代的な科学に目覚めた先駆的な蘭学者たちも力を蓄えつつあった。しかし、実は近世後期の主流として勢力を持ち、明治維新の原動力となったのは、このような近代志向の流れではなかった。

近代志向の蘭学者たちが開国を目指したのに対して、討幕運動は開国に反対し、尊皇攘夷《そんのうじょうい》を主張した。むしろ幕府側のほうがいち早く開国し、勝海舟《かつかいしゅう》らをアメリカに派遣するなど、開明的であった。尊皇攘夷運動の思想的な源流は、水戸学派の儒学と平田篤胤《ひらたあつたね》の系統の復古神道にあると言われるが、その特徴は復古主義とナショナリズムにある。いずれも排仏的で、仏教によって汚されない本来の日本のあり方を目指した。

平田篤胤の死生観

平田篤胤（一七七六―一八四三）は、本居宣長に私淑《ししゅく》しながら、それを超えて、それまでの神道を大きく改変し、従来の神道に欠けていた死後の観念を確立したところに、その説の一つの特徴がある。その点を見てみよう。

死後の問題について、既に触れたように、開明的な儒者であった新井白石《あらいはくせき》（一六五七―一七二五）は、『鬼神論《きじん》』を著して、仏教の輪廻《りんね》説を批判した。輪廻説は個人の霊魂が永遠の過去から輪廻を繰り返しているとするが、白石はその非合理性をつき、儒教的合理主義の立場から、陰陽《おんみよう》の気の集散で生死を説明する。「人ノ生ルト死ルトハ陰陽二ツノ気ノ集ルト散ルトノ二ニシテ、集レバ人ト成、散テハ又鬼神トナル」というのである。その立場から、「其祖考ノ神ノミ必ズ其子孫ノ祭ヲ受ン事、心得難キ也」と、死後の個別性を否定する。ただし、「物ノ勢ヲ用ルコトヲノヅカラ多キ少キ有テ其魂魄モ又強弱アリ。サレバ其神ノマスコトモ、又遠キ近キノ異ルコト有ヌベシ」と、その勢の強弱に従って、死後の魂魄の個別性も維持され、そこに祭の可能性を見る。

篤胤はこのような儒教的な鬼神論に対して、『鬼神新論』で厳しく批判する。『鬼神新論』で篤胤は、死霊も天地の神もすべて一緒にして鬼神と呼んでいる。「天も鬼神も、実物なる事を暁《あか》さむとの業なれば、一ツに云ふなり」と、問題はこれらの区別ではなく、そのようなものが実物として実在することだという。即ち、神実在論、霊魂実在論を正面から主張する。時代の進展を合理化、科学化と見るならば、このような篤胤の議論は、白石などの儒者に較べて時代への逆行としか見られないであろう。

死後の問題に限ると、篤胤によって師と仰がれた本居宣長は、

ただ死ぬればよみの国に行くものとのみ思ひて、かなしむより外の心なく、これを疑ふ人も候はず、理屈を考へる人も候はざりし也。さて其のよみの国は、きたなくあしき所に候へ共、死ぬれば必ずゆかねばならぬ事に候故に、此の世に死ぬるほどかなしき事は候はぬ也。（『鈴屋答問録』）

と、死後の「よみの国」を「きたなくあしき所」と描いていた。宣長にとっては、神も死後も、あくまで古典解釈の中で問題とされるのであり、それを超えたいわば神学的な議論にはきわめて慎重な態度を取っている。

篤胤はその宣長を乗り越え、独自の世界観、死生観の構築をはかる。「冥府と云ふは、此顕国《うつしくに》をおきて、別に一処あるにもあらず、直ちにこの顕国の内いづこにも有なれど、幽冥《ほのか》にして、現世《うつしよ》とは隔たり見えず」（『霊能真柱《たまのみはしら》』）と述べ、来世を地下の黄泉《よみ》やあるいは遠方の極楽浄土に置くことを拒否して、「冥府」を「顕国」と重ねあわせ、きわめて身近なところに表象した。即ち、「冥」と「顕」は断絶したものではなく、「顕」の中に「冥」が潜んでいる。それは具体的にはどのような場所か。「社《やしろ》、また祠《ほこら》などを建て祭り

たるは、其処《そこ》に鎮《しず》まり坐《お》れども、然在《しから》ぬは、其墓の上に鎮まり居り」（同）と、社・祠・墓などが、具体的に霊のいる場所とされる。

もともと死者は恐るべき存在であって、生者とは隔離された場所にいるべきものである。それが、「顕」の優位の中で、生者の世界と接近してくる。死者は必ずしも恐ろしいばかりのものではなく、身近で恩恵を与えてくれる存在でもある。篤胤の死者論には、近世的性格がきわめて濃厚に表れている。

篤胤のこのような議論は、これまで明らかでなかった神道の死後観を定めることで、葬儀を仏教の手から奪い取りたいという具体的な志向がうかがわれる。実際、幕末には神道家によって神道式の葬儀である神葬祭の運動が盛んになる。葬儀という儀礼が、宗教にとっていかに大きな中核的な問題であったかが分かる。死後観と葬儀方法が確立すれば、もはや異国から持ち込まれた仏教は必要なくなる。欧米勢力の侵入に対して生まれた時代のナショナリズムの動向と結びつけば、神道が仏教を排撃して優位に立つことも十分に理解できよう。水戸学派系の儒教が下級武士に受け入れられたのに対して、復古派の神道は各地の豪農階級に浸透していったものと思われる。その中で、産土神《うぶすながみ》の重視など、土着の宗教性を生かそうとする注目すべき方向も見られた。

幕末の民衆の新宗教があくまで在野に留まったのに対して、復古神道は同じような状況の中で変革を求めながら、天皇崇拝と政教一致を求めることで、政治に直接関与しようとする。それが尊皇攘夷の政治運動と結びつき、明治維新の草の根的な基盤を作ることになる。歴史は単純に非合理から合理へと進化論的に発展するものではない。合理化を目指す「顕」の世界は、非合理的な「冥」を常に背景に持ち、両者の関係のダイナミズムから歴史は展開していくのである。

・近代仏教の形成

明治初期の神仏関係

こうした復古神道が明治維新の原動力の一つとなったために、明治初年の国家体制は宗教色の強い復古主義を取ることになった。具体的には神仏分離令（神仏判然令）によって神社から仏教の影響を排除し、神道国教化への第一歩を踏み出した。神仏分離に伴う廃仏毀釈は、確かに一部の神道家やその支持者の扇動によるものかもしれないが、権力と一体になって搾取するばかりの仏教に対する民衆の不満があったことも事実であろう。

明治二年（一八六九）には太政官と並んで神祇官が設置され、祭政一致体制が確立し、神道国教化を実現させた。平田派の勝利である。しかし、その後は必ずしも順調ではなかった。維新後、政府の中心勢力はいち早く攘夷の方針を捨て、積極的な開化政策に切り替える。その中で、神祇官に結集を図った神道勢力はたちまち時代遅れの無用の長物として切り捨てられていく。明治四年（一八七一）には神祇官は神祇省に格下げになり、太政官の下に置かれる。さらに、明治五年（一八七二）にはそれも解体して教部省に移行することになる。

神道が開化主義の近代化路線に付いていけなかったことと同時に、仏教側の反撃ということも考えられなければならない。近世後期に仏教が活力を失ったといっても、それ以前から民衆の中に定着している勢力をすべて覆せるほどに神道が強力化したわけではない。長州の尊皇攘夷運動には、その地方で強大な力を誇る浄土真宗の西本願寺派がかなりの資金提供をしていて、それだけの発言力を保持していた。仏教側は神仏分離や廃仏毀釈の打撃から立ち上がると、直ちに反撃に移る。長州の西本願寺派の指導者は島地《しまじ》黙雷《もくらい》（一八三九―一九一一）であったが、仏教も国家の一角に加わる形の教部省設立を積極的に働きかけた。

こうしてできた教部省の政策は、神道界と仏教界を統合し、いわば新しい形の神仏習合を作ろうというものである。神官や仏僧をはじめとする宗教者を国家公認の教導職として国民教化に当たらせ、その教導職を指導管轄するために中央に大教院、各地方に中教院・小教院を設けた。しかし、その指導理念は「敬神愛国ノ旨ヲ体スベキ事」「天理人道ヲ明ニスベキ事」「皇上ヲ奉戴シ朝旨ヲ遵守セシムベキ事」という三条の教則であり、芝の増上寺に設けた大教院には造化三神（アメノミナカヌシ・タカミムスビ・カミムスビ）とアマテラスを祀り、全体として天皇崇拝を機軸とした神道色の強いものであった。仏教界の大半はそれに従ったが、今度も島地が中心となって、浄土真宗が反対に回った。

島地黙雷と信教の自由

島地は当時ヨーロッパ視察中であり、ヨーロッパ諸国の政教分離と信教の自由の状況を見て、日本においても信教の自由を確立する必要を痛感し、その立場から教部省政策を批判した。島地の政教関係論は、「政教ノ異ナル、固《もと》ヨリ混淆スベカラス。政ハ人事也、形ヲ制スルノミ。而《しか》シテ邦域ヲ局《かぎ》レル也。教ハ神為ナリ、心ヲ制ス。而万国ニ通スル也。是以《ここをもって》政ハ敢テ他ニ管セス、専ラ己ヲ利センコトヲ力《つと》ム。教ハ不爾《しからず》、毫モ己ヲ顧ミズ、一ニ他ヲ益セン事ヲ望ム」（「三条教則批判建白書」）というものである。即ち、教（宗教）は心に関係するもので、政治よりも普遍性を帯びており、利己的ではなく、他の利益を図ろうとする。この点からいえば、個人の心の問題に関わる宗教は政治より高度のものということができ、その領域に、政治が立ち入ることを禁止し、精神の自由を高らかに謳った理想主義的な宣言と見ることができる。同じ頃、明六社系の啓蒙思想家たちも信教の自由を主張した。Religion に当る訳語「宗教」という言葉もその中で定着することになった。

島地らの指導で、明治八年（一八七五）には浄土真宗諸派が大教院から離脱し、実質的な機能を失った大教院は解散に追い込まれた。こうして教部省政策は失敗に帰し、明治十年には教部省も廃止され、宗教行政は内務省の一部に縮小された。信教の自由は公認され、そのことは明治二十二年に公布された憲法に明記された。

このように見れば、島地らの大教院反対運動は成功し、信教の自由を勝ち取るという大きな成果を得たように見える。しかし、事はそれほど単純ではなかった。そこには二つの大きな問題があった。一つは神道との関係である。島地は、「所謂《いわゆる》八百万《やおよろず》神ヲ敬セシムトセバ、是《これ》欧州児童モ猶賤笑スル所ニシテ、草荒・未開、是ヨリ甚シキ者ハアラズ」（「三条教則批判建白書」）と、神道は宗教としては程度の低い多神教であるとする。島地は当時の欧米の宗教進化論に従うので、多神教から一神教へという道筋を認めている。しかし、神道を否定するわけではない。それは、「或ハ吾輩各自ノ祖先、国家有功ノ名臣徳士ヲ祭リシ者」(「建言」)であるから、宗教の範疇には属さないというのである。これが島地の神道非宗教論であり、後に国家神道はまさしくこの路線を踏襲することになる。仏教と神道とが領域を分けることで共存するこの体制を、私は神仏習合に対して、神仏補完と呼んでいる。

もう一つの問題は、宗教を個人の心の問題に局限することによって、現実に機能している葬式仏教などの制度化した仏教と乖離することになったことである。政府は、明治六年、当時まだ強かった排仏の立場から、仏教と関係の深い火葬を禁止した。島地はこれに対しても反対の運動を繰り広げ、明治八年に再び禁止令を取り下げている。しかし、島地はその葬式仏教と個人の心の信仰としての仏教との矛盾に対しては口を噤んでいる。

近代仏教の重層性

葬式仏教は一見すると過去の遺物のように見られるが、実は近代になって、仏教が国教的地位を失ってからも再編されて、ある意味では国家社会体制を補完する重要な役割を果たしている。近代日本の国家社会体制は基本的に天皇を頂点とする家父長体制であり、憲法・教育勅語《ちょくご》・民法・皇室典範《てんぱん》を四本柱として成り立っている。長男が家督を継ぎ、財産を一括相続して、家の成員に対して絶対的な権力を持つ。その家督相続の象徴をなすのが、墓と位牌《いはい》の相続である。ところが、葬式と

〔表層＝近代〕　個人宗教としての仏教——非宗教としての神道（国家神道）

〔深層＝土着〕　民俗としての仏教（葬式仏教）——宗教としての神道

図19　近代仏教の図式

死者の供養を仏教が独占しているため、墓も位牌も寺院の管理下に置かれる。こうして、近代の家父長体制は、明文化されない基底を仏教によって支えられるという構造になっているのである。

ちなみに、幕末に形成された神葬祭は、近代になって神道が非宗教化される中で、再び禁止されるようになる。葬儀は宗教儀礼であり、非宗教である神道は関わることができないというのである。神道が国家維持される中で、神道側も、実際にはその根底をなしているはずの宗教性を骨抜きにされるという大きな犠牲を払わなければならなかった。

以上のことを図式化して示すと、図19のようになろう。

もっとも陽の当るところで、近代の装いを取った仏教は、知識人である思想家・哲学者によって個人宗教として深められる。一つの頂点ともいえるのは、清沢満之《きよざわまんし》（一八六三―一九〇三）であり、浄土真宗の信仰を宗教哲学として深め、有限なる我々が絶対無限である弥陀とどのように関わることができるかを考察した。他方、鈴木《すずき》大拙《だいせつ》（一八七〇―一九六六）によって禅の近代的な表現がなされた。個人宗教としての禅と浄土が仏教の代表とされることで、日本の近代仏教の言説は大きな成果を挙げたが、その深層の実態とはかけ離れることになってしまった。

・改めて近世を問う

近世の位置づけ

思想史・宗教史の中で、近世をどのように位置づけるかはなかなか難しい。それには、基本的には二つの方向があった。一つは、かつては多かったもので、近世までは前近代としてくくられ、近代との断絶が強調される。近世は封建制度の下で厳格な身分制によって人々の自由は奪われ、明治になってようやく身分制の撤廃で、近代のブルジョア的な社会が形成されたと見るのである。封建的な社会や道徳を打ち破ろうとする近代主義者やマルクス主義者にこのような立場を取る研究者が多かった。

それに対して、近世を近代につながるものと見る見方もある。そもそも英語では近世はearly modernであり、広くは近代に属することになる。明治以後を近代と見るとき、江戸時代はその準備をなした時代と考えられることになる。しかし、単純な準備というのに留まらない。明治以後の近代が欧米から入ってきた輸入の近代化をどうこなすかという課題に直面したのに対して、江戸時代は鎖国により欧米からの輸入思想が制限されていたため、独自の近代の可能性を展開しつつあったというのである。このような見方は、明治以来の輸入の近代化が結局ゆがんだ形で進行したことに対する反省から、もう一度自前の近代の可能性を見直そうという流れの中から生まれた。

このような二つの立場のいずれにも与《くみ》せず、近世の独自性を主張する見方もある。近世は明らかに中世からは断絶があるが、直ちに明治以後の近代にまっすぐつながるわけではない。中世とも近代とも断絶した独自の時代と考えるのである。第一の立場も第二の立場も、近代を過去を見る標準として、それとつながるか断絶するかというところで近世を位置づけようとしている。しかし、そもそも近代を標準とすること自体が適切なのか。ただちに近代に同化できるかどうかではなく、近世を「他者」として捉え直す視点（桂島、一九九九）はきわめて重要であろう。

「顕」と「冥」から見た思想史

ここで、本書でしばしば用いた「顕《けん》」と「冥《みよう》」という概念をもう一度思い起こしてもらいたい。中世までは、「顕」と「冥」は拮抗する関係にあった。「冥」は「顕」を超える世界であり、むしろ「冥」のほうが真実の世界と言ってよい。それに対して、近世においては「顕」の世界が大きく進展する。それを世俗化とか現世化と言ってもよいであろう。世俗化は近代化の一指標と見られることがあるが、私はただちに近代化とは結び付けられないのではないかと考える。近世においては、「冥」の世界は依然として大きな力を発揮し続ける。それ故に、平田篤胤のように、世俗化しながらも、近代化とは違う方向にベクトルが向くような思想が展開するのであり、それが明治維新を惹き起こすエネルギーとなるのである。

それでは近代とはどのような時代であろうか。表層においては欧米の科学主義、合理主義が持ち込まれ、「冥」の領域が切り捨てられる。「冥」の領域に属することは、迷信として否定される。「冥」の領域はこうして表面からは消し去られるが、無くなるわけではない。それは表面から深層に抑圧されて、時に合理性や科学性では説明できない現象として噴出する。それは、大本などの新宗教の神話や、あるいは超古代史のような世界で生き延びる。そもそも、天皇崇拝自体が「顕」の世界では説明しきれないことである。

このことをもう少し図式化して示してみよう（次頁図参照）。今日、私たちが拠りどころとする世界の図式は、図21である。楕円で示したのがこの世界であり、その領域は科学で解明され、合理的な説明が可能である。すべての事象はこの世界の中であり、その外には

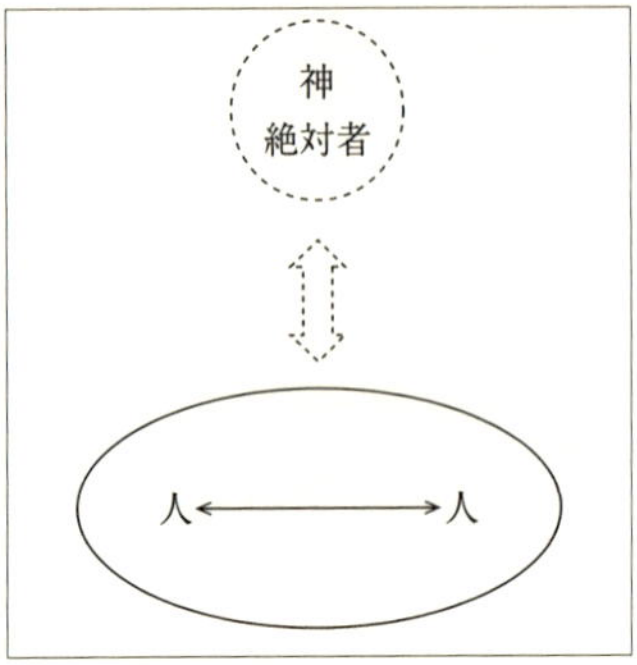

図21　近代的世界観の基本的枠組

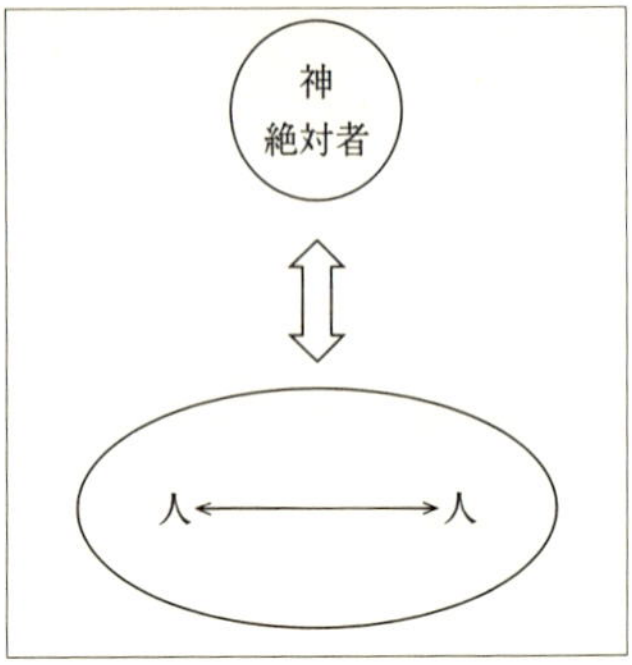

図20　キリスト教的世界観の基本的枠組

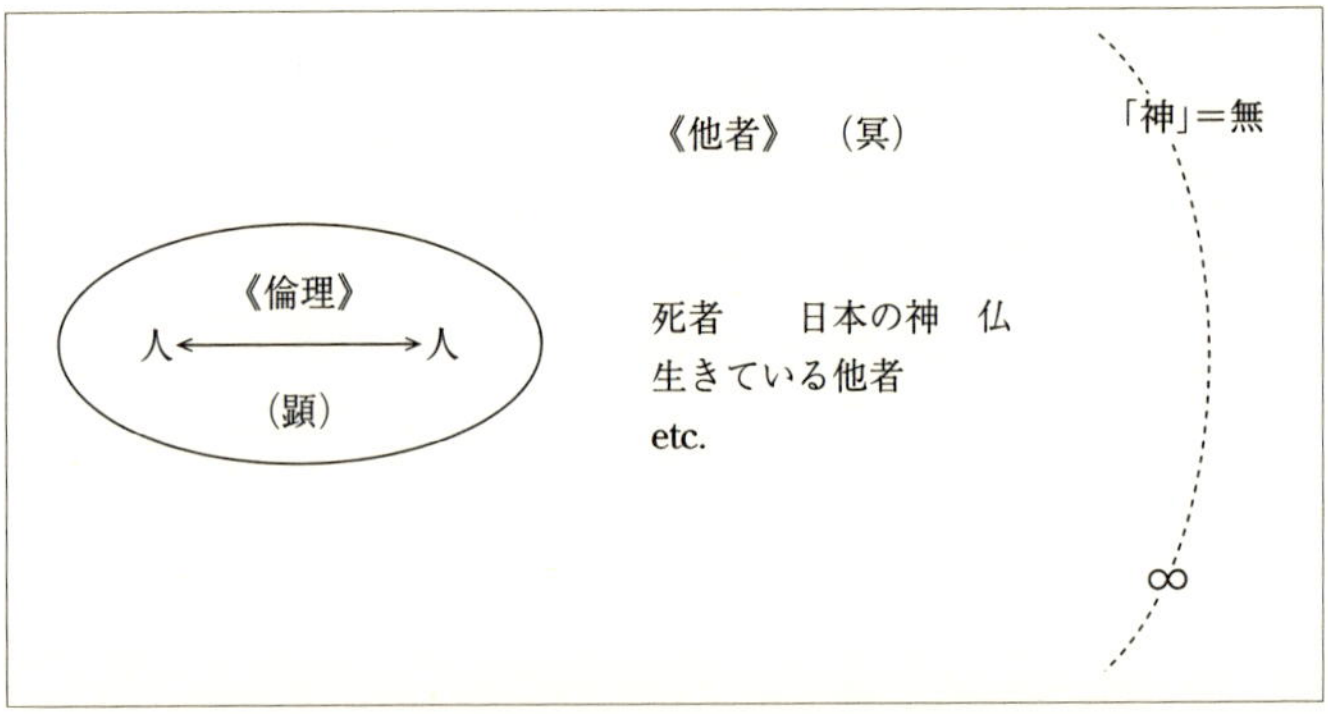

図22　日本宗教に基づく世界観の基本的枠組

何もない。「顕」と「冥」という言葉を使うならば、「冥」がなく、「顕」のみの世界ということができる。

この図21はもともとはキリスト教的な図20の図式から展開してきたものである。じつを言えば、中世のキリスト教では、もう少し複雑で、天使や聖人などの中間的な存在が考えられ、図22の世界観に近い。それ故、図20はプロテスタント的なキリスト教の立場であり、それも非常に単純化している。ただ、日本の近代ではこのような図式でキリスト教が理解されてきた。図21は、図20の神（絶対者）が消されるところに成り立つ。図21が極端化すれば、ヘーゲル的な汎神論《はんしんろん》（世界＝神）か、唯物論《ゆいぶつろん》のような立場になる。

近代においても、図21に疑問を持つ場合、図20のような世界観は認められた。この場合、この世界には神＝絶対者が対峙するのみであり、その中間には何もない。たとえば、人が死ぬと神の世界に移されるので、生きている人間は直接には死者と関わることができなくなる。非合理性というのは、要するに人間の理性では理解できないということであり、それは神の領域のことである。神のみ業は人間の理解を超えており、従って、人間の目で見たら非合理にしか映らないことがありうる。もちろん、神の立場に立つならば、それと独立に人間の領域があるわけではなく、すべては全知全能の神の支配する領域になるので、一元的である。しかし、神は人間を超越しているから、人間の立場から見る限り、人間に理解できる領域と、理解できない領域の二つしかないことになる。

ところが、近世までの伝統的な日本の世界観は、図20でも図21でもなく、図22である。人が相互了解可能の領域が「顕」の領域である。人と人が関わる世界であるから、それを「倫理」の領域と呼んでもよい。ところが、その「顕」の領域は広大な「冥」の領域によって囲まれている。それは人間の理解の及ばないという点で、非合理であるが、図20のように、神=絶対者がすべてを支配しているわけではない。それは多様な世界である。死者も、神仏もこの世界に入る。妖怪や幽霊もこの領域に属する。それればかりか、生きている人間同士でも必ずしも了解が成り立つわけではないから、そのような「他者」はこの「冥」の領域に属することになる。

「冥」の領域が極限まで進むと、その無限大の彼方に唯一神的な絶対者を考えることができる。それは、人間の言葉を使えば「無」としか言いようがない。それ故、多神論と一神論とはじつは矛盾しない。それは領域が異なっているのであり、多神論的な世界は「冥」の「他者」の領域のことである。それに対して、一神教の神は無限大の向こうに位置する。図20、図21では、多神教的な中間者が位置する場はなく、それらは迷信として否定される他ない。しかし、図22では、多神教的な中間者を認めうるとともに、一神教的な絶対者を位置づけることも可能である。

伝統的な世界観は、図22によってのみ説明可能である。その点で、中世と近世は大きく変わらない。ただ、中世では、「顕」の領域に対して「冥」の領域が広大であるのに対して、近世では、「顕」の領域が大きく進展することになる。その「顕」の世界の伸張を世俗化と呼ぶならば、世俗化は伝統的な世界観の中で十分に説明可能である。

ところが、近代になると、少なくとも表層的な次元では、図20または図21が公認され、図22は認められなくなる。中間的な「冥」の領域は迷信的で、前近代的で、唾棄すべきものとして否定される。図20のように、プロテスタント的なキリスト教をモデルとした宗教のみが、近代的な宗教として認められる。浄土真宗が近代の仏教の中でもっとも先鋭的な役割を果たしたのは、仏教の中で、浄土教が図20の世界観からももっとも理解しやすい構造を持っていたからである。禅もまた、図21的な理解が可能であり、そこから近代に適合的と考えられた。それに対して、もっとも否定的に見られたのが密教や神仏習合である。それらは、図22の中間的な「他者」に依存するところが極めて大きいからである。

しかし、近代になって図22が消えたわけではない。先にも述べたように、それは深層に抑圧され、民衆の中に生き続けた。しかし、それはまともな知識人の関わらないいかがわしい領域とされ、まともに扱われなかった。ところが、皮肉なことに、日本の近代は、生き神信仰という「いかがわしい」領域に依存することで、天皇信仰を土着化させたのである。そしてまた、表面から消された葬式仏教が、図22の世界観に依拠しながら、近代の基盤を作ってきたのである。

即ち、日本の近代は、表層の図20または図21と、深層の図22の世界観の併存の上に成り立ってきたということができる。近世までは、図20または図21がきわめて弱く、それが近代と異なるところである。それでは、近世は中世に接続し、近代とは断絶するという見方が適当なのであろうか。図22の世界観が深層化しながらも継続する限りは、単純な断絶と見ることはできない。しかし他方、中世と近世では、「顕」と「冥」の関係に明らかな転換があるのであり、単純な連続と見ることはできない。

じつは日本だけでなく、他の東アジアの地域でも、近世に当る時代の位置づけは難しい。中国で言えば、宋から清に至る時代をどう見るかということが大きな問題となっている（伊東、二〇〇五）。それを近代の挫折と見る見方もあるが、このような日本の場合を参考に見れば、中国独自の思想展開の図式を描くことができるはずである。かつて、アジアは欧米の影響なしに独自の近代を持つことができたか、ということが問われたこともあった。しかし、それはそもそも問題自体が間違っている。なぜならば、実際の歴史で見れば、欧米とまったく無関係の近代化はどの地域にもありえなかったからである。もし欧米の影響がまったくなかったら、今日の近代とはぜんぜん違う歴史展開になっていたはずであり、それを近代と呼ぶことができたかどうか、疑問である。近代という問題も、従来の通説を外して、もう一度考えていかなければならない。

あとがき

吉川弘文館の大岩由明氏から、歴史文化ライブラリーに何か書かないかというお誘いをいただいたのは、二〇〇四年三月のことであった。当初求められたテーマは鎌倉仏教に関するものであったが、私としては近世仏教のことを扱いたいと考え、ご了承を頂いた。近世仏教は直接の専門外ではあるが、中世と近代をつなぐ重要な位置にあって、近世をどう見るかということは、仏教思想史の鍵となる大きな意味を持っている。ところが、従来十分な見通しを得られる概説書がなく、なかなか手の付け方が分からなかった。そこでこの機会に、たとえ大雑把なものであっても、自分なりの見通しをスケッチできれば、という思いであった。

しかし、取り掛かってみるとなかなか大変で、方向も定まらず、その頃から急に忙しくなったこともあって、気になりながらも後回しになっていた。昨年、職場が変わって多少なりとも研究時間が得られるようになったため、ようやく腰を据えて執筆に取り掛かることができ、ここに出版の運びとなった。小著であるが、依頼をいただいてから六年かかっており、ほとほと自らの遅筆にあきれるばかりである。

「近世の仏教」と銘打ったものの、中心はあくまで思想史であり、近年研究が進んでいる制度史、社会史、民衆宗教史などの面には十分に目が届かなかった。それでも、類書が少ないので、多少の役には立つであろう。

三十年以上前にシーボルト『日本』の翻訳チームに加えていただいた時から、遅々たる歩みであったが、多くの関係者のご教示と励ましで、この分野への関心を持続させてきた。ドイツのボッフム・ルール大学滞在中に、同大学所蔵のシーボルト写本を調査させて頂いたり、パリでギメ博物館所蔵資料を調査させて頂いたことなど、得がたい経験であった。東京大学大学院では、数年にわたり、難解な鳳潭《ほうたん》のテキストを講読し、学生の皆さんにお付き合いいただいた。科学研究費の共同研究（代表者・横手裕東京大学准教授）として行なってきた東京大学総合図書館所蔵明版嘉興蔵大蔵経調査チームや、職場の国際日本文化研究センターの共同研究グループの方々には、今もいろいろとご教示頂いている。

特に、西村玲氏（東方研究会研究員）には、ご多忙中、原稿段階でお目通し頂き、貴重など指摘を頂いた。国際日本文化研究センター外国人研究員として滞在されていたファム・ティ・トゥ・ザン（ジャン）氏（ハノイ国家大学講師）には、ご所蔵の西吟《さいぎん》『客照問答集』のコピーを頂戴して、関連する問題についてご教示頂いた。その他未刊資料に関しては、国文学研究資料館や大谷大学図書館などで閲覧させて頂いた。なお、編集の実務は、永田伸氏が担当してくださった。お世話になった多くの方々にここでお礼申し上げたい。

二〇一〇年四月

末木文美士

参考文献

〔引用史資料〕　著者名と年号を挙げたものは、参考資料参照。全集・シリーズなどに関しては、出版社・出版年を略す。なお、引用に際しては、漢文のものは書き下しに直した。また、表記を分かりやすく改めたところがある。『大日本仏教全書』は鈴木学術財団版による。

蓮如『御文』（笠原一男校注『蓮如文集』、岩波文庫、一九八五）
フロイス書簡（村上直次郎訳『耶蘇会士日本通信』下、『異国叢書』）
『新訂信長公記』（桑田忠親校注、新人物往来社、一九九七）
『因果居士自筆安土問答』（『大日本仏教全書』六一）
『浄土宗与日蓮宗宗論之記』（『大日本仏教全書』六一）
フロイス「一五八二年イエズス会士日本年報追加」（村上直次郎訳『イエズス会日本年報』上、『新異国叢書』）
「天正十五年伴天連追放令」（清水、一九八一）
慶念『朝鮮日々記』（朝鮮日々記研究会編、二〇〇〇）
「宗門檀那請合之掟」（『徳川禁令考』前集五）
鈴木正三『驢鞍橋』（神谷満雄・寺沢光世編『鈴木正三全集』、鈴木正三研究会、二〇〇六―〇七）
天海『東照社縁起』（『神道大系・神社編・上野・下野国』）

『惺窩先生文集』（『日本思想大系28・藤原惺窩・林羅山』）
『羅山林先生文集』（『日本思想大系28・藤原惺窩・林羅山』）
林羅山・松永貞徳『儒仏問答』（大桑・前田編、二〇〇六）
林羅山『本朝神社考』（『神道大系・論説編・藤原惺窩・林羅山』）
寂本『神社考弁義』（正徳六年刊本、盛岡中央公民館所蔵、国文学研究資料館マイクロ）
ザビエル「第九〇、九六書簡」（河野純徳訳『聖フランシスコ・ザビエル全書簡』、平凡社、一九八五）
フェルナンデス書簡（シュールハンマー、一九六四）
伴天連追放文（『徳川禁令考』前集五）
ハビアン『妙貞問答』（海老沢有道・井出勝美・岸野久編著『キリシタン教理書』、教文館、一九九三）
ハビアン『破提宇子』（『日本思想大系25・キリシタン・排耶書』）
鈴木正三『破吉利支丹』（『日本思想大系25・キリシタン・排耶書』）
雪窓宗崔『対治邪執論』（『日本思想大系25・キリシタン・排耶書』）
隠元隆琦『普照国師法語』（『大正新脩大蔵経』八二）
ケンペル『日本誌』（今井正訳、霞ヶ関出版、一九八九）
シーボルト『日本』（岩生成一監訳、雄松堂書店、一九七七―七九）
『玄旨壇秘鈔』（三田村鳶魚編『信仰叢書』、国書刊行会、一九一五）
霊空『闢邪編』（元禄一一年〈一六九八〉刊本、大谷大学蔵）
霊空『即心念仏決定談義本序』（『大日本仏教全書』六一）

普寂『顕揚正法復古集』(『大日本仏教全書』一一九)
慈雲『高貴寺規定』(一派真言宗総本山神下山高貴寺規定)(『慈雲尊者全集』六)
鳳潭『華厳五教章匡真鈔』(『大正新脩大蔵経』七三)
富永仲基『翁の文』(『日本古典文学大系97・近世思想家文集』)
鈴木正三『万民徳用』(神谷満雄・寺沢光世編『鈴木正三全集』、鈴木正三研究会、二〇〇六―〇七)
盤珪永琢『仏智弘済禅師法語』『盤珪仏智弘済禅師御示聞書』(鈴木大拙編『盤珪禅師語録』、岩波文庫、一九四一)
白隠慧鶴『見性成仏丸方書』(『白隠禅師法語全集』一三、禅文化研究所、二〇〇二)
白隠慧鶴『善悪種蒔鏡和讃』(『白隠禅師法語全集』一三、禅文化研究所、二〇〇二)
慈雲飲光『人となる道』(『慈雲尊者全集』一三)
新井白石『鬼神論』(『新井白石全集』六)
大我『三彝訓』(『日本思想大系57・近世仏教の思想』)
『先代旧事本紀大成経』(『続神道大系・論説編』)
伴蒿蹊『近世畸人伝』(中野光敏校注、中公クラシックス、二〇〇五)
『売茶翁偈語』(末木文美士・堀川貴志『江戸漢詩選5・僧門』、岩波書店、一九九六)
良寛『法華讃』(竹村牧男『良寛『法華讃』評釈』、春秋社、一九九七)
貝原益軒『和俗童子訓』(石川松太郎編『女大学集』、平凡社・東洋文庫、一九七七)
祖心『祖心尼公法語』(三田村鳶魚編『近世仏教集説』、国書刊行会、一九一六)

橘染子『故紙録』（サリー・キング、末木文美士共訳『故紙録――和英対訳』、廣園寺、二〇〇一）
一尊如来きの『お経様』（『日本思想大系67・民衆宗教の思想』）
中山みき『みかぐらうた』『おふでさき』（『日本思想大系67・民衆宗教の思想』）
西吟『客照問答集』（刊年不明刊本）
功存『願生帰命弁』（宝暦一四年〈一七六四〉刊本、大谷大学所蔵）
仰誓『妙好人伝』（『日本思想大系57・近世仏教の思想』）
浅原才市の語（鈴木大拙『日本的霊性』、岩波文庫、一九七二）
平田篤胤『鬼神新論』（『平田篤胤全集』三）
本居宣長『鈴屋答問録』（村岡典嗣校訂『うひ山ふみ・鈴屋答問録』、岩波文庫、一九三四）
平田篤胤『霊の真柱』（子安宣邦校訂、岩波文庫、一九九八）
島地黙雷「三条教則批判建白書」「建言」（『島地黙雷全集』一）

〔参考資料〕　単行本を主とし、論文はごく一部に留めた。また、日本語の文献に限った。
アウエハント、コルネリウス『鯰絵―民俗的想像力の世界』（小松和彦他訳、せりか書店、一九八六）
青柳周一・高埜利彦・西田かほる編『近世の宗教と社会』三巻（吉川弘文館、二〇〇八）
朝尾直弘編『世界史の中の近世』（『日本の近世』1、一九九一）
浅野美和子『女教祖の誕生』（藤原書店、二〇〇一）
有元正雄『近世日本の宗教社会史』（吉川弘文館、二〇〇二）

安藤優一郎『大江戸お寺繁昌記』（平凡社新書、二〇〇九）
飯田利行『学聖無著道忠』（禅文化研究所、一九八六）
家永三郎・赤松俊秀・圭室諦成監修『日本仏教史』Ⅱ・中世篇（法蔵館、一九六七a）
――『日本仏教史』Ⅲ・近世篇・近代篇（法蔵館、一九六七b）
伊東貴之『思想としての中国近世』（東京大学出版会、二〇〇五）
今谷　明『天文法華一揆』（洋泉社、二〇〇九）
浦井正明『上野寛永寺　将軍家の葬儀』（吉川弘文館、二〇〇七）
大桑　斉『寺檀の思想』（教育社歴史新書、一九七九）
――『日本近世の思想と仏教』（法蔵館、一九八九）
――『日本仏教の近世』（法蔵館、二〇〇三）
――『戦国期宗教思想と蓮如』（法蔵館、二〇〇六）
大桑斉・前田一郎編『羅山・貞徳『儒仏問答』註解と研究』（ぺりかん社、二〇〇六）
オームス、ヘルマン『徳川イデオロギー』（黒住真他訳、ぺりかん社、一九九〇。原著、一九八五）
岡本さえ『イエズス会と中国知識人』（山川出版社、二〇〇八）
片岡弥吉・圭室文雄・小栗純子『近世の地下信仰』（評論社、一九七四）
桂島宣弘『思想史の十九世紀』（ぺりかん社、一九九九）
河内将芳『秀吉の大仏造立』（法蔵館、二〇〇八）
川村　湊『闇の摩多羅神』（河出書房新社、二〇〇八）

柏原祐泉『日本近世近代仏教史の研究』（法蔵館、一九六九）
――『近世庶民仏教の研究』（法蔵館、一九七一）
――「近世の排仏思想」（『日本思想大系57・近世仏教の思想』解説、岩波書店、一九七三）
神田喜一郎『墨林閒話』（岩波書店、一九七七）
神田千里『宗教で読む戦国時代』（講談社、二〇一〇）
北島万次『豊臣秀吉の対外認識と朝鮮侵略』（校倉書房、一九九〇）
木村得玄『黄檗宗の歴史・人物・文化』（春秋社、二〇〇五）
――『初期黄檗派の僧たち』（春秋社、二〇〇七）
黒住　真『近世日本社会と儒教』（ぺりかん社、二〇〇三）
――『複数性の日本思想』（ぺりかん社、二〇〇六）
黒田俊雄『日本中世の国家と宗教』（岩波書店、一九七五）
小澤　浩『民衆信仰と国家神道』（山川出版社、二〇〇四）
小島　毅『東アジアの儒教と礼』（山川出版社、二〇〇四）
五野井隆史『日本キリスト教史』（吉川弘文館、一九九〇）
小松和彦『神になった人びと』（淡交社、二〇〇一）
――『百鬼夜行絵巻の謎』（集英社文庫、二〇〇八）
子安宣邦『新版鬼神論』（現代書館、二〇〇二）
小山悳子『日本人の見出した元神』（ぺりかん社、一九八八）

澤　博勝『近世宗教社会論』（吉川弘文館、二〇〇八）
清水紘一『キリシタン禁教史』（教育社歴史新書、一九八一）
沈　仁慈『慈雲の正法思想』（山喜房仏書林、二〇〇三）
釈　徹宗『不干斎ハビアン』（新潮社、二〇〇九）
寿岳文章編『柳宗悦　妙好人論集』（岩波文庫、一九九一）
シュールハンマー『山口の討論』（神尾庄治訳、新生社、一九六四）
末木文美士『鎌倉仏教形成論』（法蔵館、一九九八a）
――――『解体する言葉と世界』（岩波書店、一九九八b）
――――「シーボルト／ホフマンと日本宗教」（『季刊日本思想史』五五、一九九九）
――――「橘染子の禅理解」（江島恵教博士追悼記念論文集『空と実在』、春秋社、二〇〇〇）
――――「西欧における日本仏教の紹介」（『文学』隔月刊五、二〇〇一）
――――『中世の神と仏』（山川出版社、二〇〇三）
――――『明治思想家論』（トランスビュー、二〇〇四）
――――「祖心尼」（速水侑編『日本の宗教と庶民信仰』、吉川弘文館、二〇〇六a）
――――「近世仏教の思想」（『論集近世の奈良・東大寺』、法蔵館、二〇〇六b）
――――『鎌倉仏教展開論』（トランスビュー、二〇〇八）
――――「林羅山『本朝神社考』に対する寂本の批判」（多田孝正博士古稀記念論集『仏教と文化』、山喜房仏書林、二〇〇八）

曾根原理「霊空光謙の玄旨帰命壇批判」(『歴史』七五、一九九〇)
――「安楽律をめぐる論争」(『東北大学附属図書館研究年報』24、一九九一)
――『徳川家康神格化への道』(吉川弘文館、一九九六)
――『神君家康の誕生』(吉川弘文館、二〇〇八)
高木昭作『将軍権力と天皇』(青木書店、二〇〇三)
高取正男・赤井達郎・藤井學編『図説日本仏教史』第三巻(法藏館、一九八一)
高埜利彦『近世日本の国家権力と宗教』(東京大学出版会、一九八九)
圭室諦成『葬式仏教』(大法輪閣、一九七三)
圭室文雄『神仏分離』(教育社歴史新書、一九七七)
――『江戸幕府の宗教統制』(評論社、一九八〇)
――『日本仏教史・近世』(吉川弘文館、一九八七)
――『葬式と檀家』(吉川弘文館、一九九九)
圭室文雄編『論集日本仏教史7』江戸時代(雄山閣、一九八六)
――『天海・崇伝』(日本の名僧15、吉川弘文館、二〇〇四)
朝鮮日々記研究会編『朝鮮日々記を読む』(法藏館、二〇〇〇)
辻善之助『日本仏教史』近世篇四巻(岩波書店、一九五二―五五)
辻　惟雄『奇想の系譜』(ちくま学芸文庫、二〇〇四。原著、一九七〇)
辻　惟雄編『図説日本の仏教』第五巻(新潮社、一九九〇)

寺尾英智・北村行遠『日親・日奥』（日本の名僧14、吉川弘文館、二〇〇四）

ドロワ、ロジェ＝ポル『虚無の信仰』（島田裕巳・田桐正彦訳、二〇〇二）

内藤正敏『江戸・王権のコスモロジー』（法政大学出版局、二〇〇七）

中村　元『日本宗教の近代性』（春秋社、一九六四）

――『近世日本の批判的精神』（春秋社、一九六五）

中村元・笠原一男・金岡秀友監修『アジア仏教史』日本編7（佼成出版社、一九七二）

奈倉哲三『真宗信仰の思想史的研究』（校倉書房、一九九〇）

西村　玲『近世仏教思想の独創』（トランスビュー、二〇〇八）

日本仏教研究会編『日本の仏教4・近世・近代と仏教』（法蔵館、一九九五）

野村育世『仏教と女の精神史』（吉川弘文館、二〇〇四）

幡鎌一弘編『近世民衆宗教と旅』（法蔵館、二〇一〇）

林　淳『近世陰陽道の研究』（吉川弘文館、二〇〇五）

引野亨輔『近世宗教世界における普遍と特殊』（法蔵館、二〇〇七）

尾藤正英『江戸時代とはなにか』（岩波書店、一九九二）

ファン・ティ・トゥ・ジャン「近世真宗の月感騒動に関する研究ノート」（『日本史の方法』一、二〇〇五a）

――「近世浄土真宗における肉食妻帯論」（『人間文化研究科年報』二〇、二〇〇五b）

藤井　学「国民仏教への道」（高取他編『図説日本仏教史第3巻』、一九八一所収）

――『法華文化の展開』（法蔵館、二〇〇二）

藤谷俊雄『「おかげまいり」と「ええじゃないか」』（岩波新書、一九六八）
藤原　明『日本の偽書』（文春新書、二〇〇四）
ベラー、ロバート『徳川時代の宗教』（池田昭訳、岩波文庫、一九九六。原著、一九五五）
朴澤直秀『幕藩権力と寺檀制度』（吉川弘文館、二〇〇四）
松尾剛次『鎌倉新仏教の成立』（吉川弘文館、一九八八）
丸山眞男『日本政治思想史研究』（東京大学出版会、一九五二）
――『日本の思想』（岩波新書、一九六一）
――『丸山眞男講義録』全七巻（東京大学出版会、一九九八―二〇〇〇）
宮田　登『近世の流行神』（評論社、一九七二）
宮元健次『江戸の陰陽師――天海のランドスケープデザイン』（人文書院、二〇〇一）
村井早苗『天皇とキリシタン禁制』（雄山閣出版、二〇〇〇）
安丸良夫『日本の近代化と民衆思想』（青木書店、一九七四）
――『神々の明治維新』（岩波新書、一九七九）
湯浅治久『戦国仏教』（中公新書、二〇〇九）
横手裕他編『東京大学総合図書館所蔵明版嘉興蔵大蔵経目録並びに研究』（科研報告書、二〇一〇）
吉田真樹『平田篤胤――霊魂のゆくえ』（講談社、二〇〇九）
ローテルムンド、H・O『疱瘡神』（岩波書店、一九九五）
若尾政希『「太平記読み」の時代』（平凡社、一九九九）

著者紹介

一九四九年、山梨県に生まれる

一九七八年、東京大学大学院人文科学研究科博士課程単位取得退学

現在、国際日本文化研究センター教授

主要著書

鎌倉仏教展開論　仏典をよむ

歴史文化ライブラリー

300

近世の仏教

華ひらく思想と文化

二〇一〇年(平成二十二)七月一日　第一刷発行

著　者　末《すえ》木《き》文《ふみ》美《ひ》士《こ》

発行者　前田求恭

発行所　株式会社 吉川弘文館

東京都文京区本郷七丁目二番八号

郵便番号一一三—〇〇三三

電話〇三—三八一三—九一五一〈代表〉

振替口座〇〇一〇〇—五—二四四

http://www.yoshikawa-k.co.jp/

印刷＝株式会社 平文社

製本＝ナショナル製本協同組合

装幀＝清水良洋・黒瀬章夫

ISBN978-4-642-05700-4

歴史文化ライブラリー

1996.10

刊行のことば

現今の日本および国際社会は、さまざまな面で大変動の時代を迎えておりますが、近づきつつある二十一世紀は人類史の到達点として、物質的な繁栄のみならず文化や自然・社会環境を謳歌できる平和な社会でなければなりません。しかしながら高度成長・技術革新にともなう急激な変貌は「自己本位な刹那主義」の風潮を生みだし、先人が築いてきた歴史や文化に学ぶ余裕もなく、いまだ明るい人類の将来が展望できていないようにも見えます。このような状況を踏まえ、よりよい二十一世紀社会を築くために、人類誕生から現在に至る「人類の遺産・教訓」としてのあらゆる分野の歴史と文化を「歴史文化ライブラリー」として刊行することといたしました。

小社は、安政四年（一八五七）の創業以来、一貫して歴史学を中心とした専門出版社として書籍を刊行しつづけてまいりました。その経験を生かし、学問成果にもとづいた本叢書を刊行し社会的要請に応えて行きたいと考えております。

現代は、マスメディアが発達した高度情報化社会といわれますが、私どもはあくまでも活字を主体とした出版こそ、ものの本質を考える基礎と信じ、本叢書をとおして社会に訴えてまいりたいと思います。これから生まれでる一冊一冊が、それぞれの読者を知的冒険の旅へと誘い、希望に満ちた人類の未来を構築する糧となれば幸いです。

吉川弘文館

歴史文化ライブラリー

近世史

神君家康の誕生 東照宮と権現様 ―― 曽根原 理
上野寛永寺 将軍家の葬儀 ―― 浦井正明
江戸御留守居役 近世の外交官 ―― 笠谷和比古
検証 島原天草一揆 ―― 大橋幸泰
隠居大名の江戸暮らし 年中行事と食生活 ―― 江後迪子
大名行列を解剖する 江戸の人材派遣 ―― 根岸茂夫
赤穂浪士の実像 ―― 谷口眞子
江戸の町奉行 ―― 南 和男
大江戸八百八町と町名主 ―― 片倉比佐子
江戸の武家名鑑 武鑑と出版競争 ―― 藤實久美子
江戸時代の身分願望 身上りと上下無し ―― 深谷克己
次男坊たちの江戸時代 公家社会の〈厄介者〉 ―― 松田敬之
江戸時代の孝行者 「孝義録」の世界 ―― 菅野則子
近世の百姓世界 ―― 白川部達夫
百姓一揆とその作法 ―― 保坂 智
宿場の日本史 街道に生きる ―― 宇佐美ミサ子
江戸の捨て子たち その肖像 ―― 沢山美果子
京のオランダ人 阿蘭陀宿海老屋の実態 ―― 片桐一男
それでも江戸は鎖国だったのか オランダ宿日本橋長崎屋 ―― 片桐一男
江戸の文人サロン 知識人と芸術家たち ―― 揖斐 高
葛飾北斎 ―― 永田生慈
北斎の謎を解く 生活・芸術・信仰 ―― 諏訪春雄
江戸の職人 都市民衆史への志向 ―― 乾 宏巳
江戸と上方 人・モノ・カネ・情報 ―― 林 玲子
江戸店《だな》の明け暮れ ―― 林 玲子
エトロフ島 つくられた国境 ―― 菊池勇夫
災害都市江戸と地下室 ―― 小沢詠美子
浅間山大噴火 ―― 渡辺尚志
アスファルトの下の江戸 住まいと暮らし ―― 寺島孝一
江戸八百八町に骨が舞う 人骨から解く病気と社会 ―― 谷畑美帆
道具と暮らしの江戸時代 ―― 小泉和子
江戸幕府の日本地図 国絵図・城絵図・日本図 ―― 川村博忠
江戸城が消えていく 『江戸名所図会』の到達点 ―― 千葉正樹
都市図の系譜と江戸 ―― 小澤 弘
江戸の地図屋さん 販売競争の舞台裏 ―― 俵 元昭
近世の仏教 華ひらく思想と文化 ―― 末木文美士
葬式と檀家 ―― 圭室文雄

歴史文化ライブラリー

- 幕末民衆文化異聞 真宗門徒の四季 ―― 奈倉哲三
- 江戸の風刺画 ―― 南 和男
- 幕末維新の風刺画 ―― 南 和男
- ある文人代官の幕末日記 林鶴梁の日常 ―― 保田晴男
- 黒船来航と音楽 ―― 笠原 潔
- 江戸の海外情報ネットワーク ―― 岩下哲典
- 黒船がやってきた 幕末の情報ネットワーク ―― 岩田みゆき
- 幕末日本と対外戦争の危機 下関戦争の舞台裏 ―― 保谷 徹

近・現代史

- 幕末明治 横浜写真館物語 ―― 斎藤多喜夫
- 横井小楠 その思想と行動 ―― 三上一夫
- 旧幕臣の明治維新 沼津兵学校とその群像 ―― 樋口雄彦
- 水戸学と明治維新 ―― 吉田俊純
- 大久保利通と明治維新 ―― 佐々木 克
- 文明開化 失われた風俗 ―― 百瀬 響
- 西南戦争 戦争の大義と動員される民衆 ―― 猪飼隆明
- 明治外交官物語 鹿鳴館の時代 ―― 犬塚孝明
- 自由民権運動の系譜 近代日本の言論の力 ―― 稲田雅洋
- 福沢諭吉と福住正兄《ふくずみまさえ》 世界と地域の視座 ―― 金原左門
- 日赤の創始者 佐野常民《つねたみ》 ―― 吉川龍子
- 文明開化と差別 ―― 今西 一
- 天皇陵の近代史 ―― 外池 昇
- 明治の皇室建築 国家が求めた〈和風〉像 ―― 小沢朝江
- 明治神宮の出現 ―― 山口輝臣
- 宮武外骨《みやたけがいこつ》 民権へのこだわり ―― 吉野孝雄
- 森 鷗外 もう一つの実像 ―― 白崎昭一郎
- 博覧会と明治の日本 ―― 國 雄行
- 公園の誕生 ―― 小野良平
- 軍備拡張の近代史 日本軍の膨張と崩壊 ―― 山田 朗
- 啄木短歌に時代を読む ―― 近藤典彦
- 東京都の誕生 ―― 藤野 敦
- 町火消たちの近代 東京の消防史 ―― 鈴木 淳
- 鉄道忌避伝説の謎 汽車が来た町、来なかった町 ―― 青木栄一
- 会社の誕生 ―― 高村直助
- お米と食の近代史 ―― 大豆生田 稔
- 近現代日本の農村 農政の原点をさぐる ―― 庄司俊作
- 選挙違反の歴史 ウラからみた日本の一〇〇年 ―― 季武嘉也
- 東京大学物語 まだ君が若かったころ ―― 中野 実

歴史文化ライブラリー

子どもたちの近代 学校教育と家庭教育——小山静子
海外観光旅行の誕生——有山輝雄
関東大震災と戒厳令——松尾章一
モダン都市の誕生 大阪の街・東京の街——橋爪紳也
マンガ誕生 大正デモクラシーからの出発——清水 勲
第二次世界大戦 現代世界への転換点——木畑洋一
激動昭和と浜口雄幸——川田 稔
昭和天皇側近たちの戦争——茶谷誠一
帝国日本と植民地都市——橋谷 弘
日中戦争と汪兆銘《おうちょうめい》——小林英夫
文学から見る「満洲」「五族協和」の夢と現実——川村 湊
特務機関の謀略 諜報とインパール作戦——山本武利
〈いのち〉をめぐる近代史 堕胎から人工妊娠中絶へ——岩田重則
戦争とハンセン病——藤野 豊
皇軍慰安所とおんなたち——峯岸賢太郎
日米決戦下の格差と平等 銃後信州の食糧・疎開——板垣邦子
敵国人抑留 戦時下の外国民間人——小宮まゆみ
銃後の社会史 戦死者と遺族——一ノ瀬俊也
国民学校 皇国の道——戸田金一
学徒出陣 戦争と青春——蜷川壽惠
〈近代沖縄〉の知識人 島袋全発の軌跡——屋嘉比 収
沖縄戦 強制された「集団自決」——林 博史
太平洋戦争と歴史学——阿部 猛
スガモプリズン 戦犯たちの平和運動——内海愛子
戦後政治と自衛隊——佐道明広
紙 芝 居 街角のメディア——山本武利
団塊世代の同時代史——天沼 香
甲子園野球と日本人 メディアのつくったイベント——有山輝雄
闘う女性の20世紀 地域社会と生き方の視点から——伊藤康子
女性史と出会う——総合女性史研究会編
丸山真男の思想史学——板垣哲夫
文化財報道と新聞記者——中村俊介

文化史・誌

楽園の図像 海獣葡萄鏡の誕生——石渡美江
毘沙門天像の誕生 シルクロードの東西文化交流——田辺勝美
古代壁画の世界 高松塚・キトラ・法隆寺金堂——百橋明穂
世界文化遺産 法隆寺——高田良信
正倉院と日本文化——米田雄介

歴史文化ライブラリー

語りかける文化遺産 ピラミッドから安土城・桂離宮まで――神部四郎次
密教の思想――立川武蔵
霊場の思想――佐藤弘夫
跋扈《ばっこ》する怨霊 祟りと鎮魂の日本史――山田雄司
鎌倉 古寺を歩く 宗教都市の風景――松尾剛次
鎌倉大仏の謎――塩澤寛樹
日本禅宗の伝説と歴史――中尾良信
水墨画にあそぶ 禅僧たちの風雅――高橋範子
日本人の他界観――久野 昭
観音浄土に船出した人びと 熊野と補陀落渡海――根井 浄
浦島太郎の日本史――三舟隆之
宗教社会史の構想 真宗門徒の信仰と生活――有元正雄
読経の世界 能読の誕生――清水眞澄
戒名のはなし――藤井正雄
仏画の見かた 描かれた仏たち――中野照男
茶の湯の文化史 近世の茶人たち――谷端昭夫
海を渡った陶磁器――大橋康二
時代劇と風俗考証 やさしい有職故実入門――二木謙一
歌舞伎の源流――諏訪春雄

歌舞伎と人形浄瑠璃――田口章子
落語の博物誌 江戸の文化を読む――岩崎均史
大江戸飼い鳥草紙 江戸のペットブーム――細川博昭
古建築修復に生きる 屋根職人の世界――原田多加司
風水と家相の歴史――宮内貴久
大工道具の日本史――渡邉 晶
苗字と名前の歴史――坂田 聡
読みにくい名前はなぜ増えたか――佐藤 稔
数え方の日本史――三保忠夫
武道の誕生――井上 俊
日本料理の歴史――熊倉功夫
日本の味 醤油の歴史――林 玲子・天野雅敏編
アイヌ文化誌ノート――佐々木利和
宮本武蔵の読まれ方――櫻井良樹
日本語はだれのものか――川口 良・角田史幸
「国語」という呪縛 国語から日本語へ、そして〇〇語へ――川口 良・角田史幸
昭和を騒がせた漢字たち 当用漢字の事件簿――円満字二郎
柳宗悦と民藝の現在――松井 健
遊牧という文化 移動の生活戦略――松井 健

歴史文化ライブラリー

- 薬と日本人 — 山崎幹夫
- マザーグースと日本人 — 鷲津名都江
- バイオロジー事始 異文化と出会った明治人たち — 鈴木善次
- ヒトとミミズの生活誌 — 中村方子
- 書物に魅せられた英国人 フランク・ホーレーと日本文化 — 横山 學
- 夏が来なかった時代 歴史を動かした気候変動 — 桜井邦朋
- 天才たちの宇宙像 — 桜井邦朋

民俗学・人類学

- 日本人の誕生 人類はるかなる旅 — 埴原和郎
- 歴史と民俗のあいだ 海と都市の視点から — 宮田 登
- 神々の原像 祭祀の小宇宙 — 新谷尚紀
- 女人禁制 — 鈴木正崇
- 役行者《えんのぎょうじゃ》と修験道の歴史 — 宮家 準
- 民俗都市の人びと — 倉石忠彦
- 鬼の復権 — 萩原秀三郎
- 海の生活誌 半島と島の暮らし — 山口 徹
- 山の民俗誌 — 湯川洋司
- 雑穀を旅する — 増田昭子
- 自然を生きる技術 暮らしの民俗自然誌 — 篠原 徹
- 川は誰のものか 人と環境の民俗学 — 菅 豊
- 番と衆 日本社会の東と西 — 福田アジオ
- 記憶すること・記録すること 聞き書き論ノート — 香月洋一郎
- 番茶と日本人 — 中村羊一郎
- 踊りの宇宙 日本の民族芸能 — 三隅治雄
- 日本の祭りを読み解く — 真野俊和
- 江戸東京歳時記 — 長沢利明
- 柳田国男 その生涯と思想 — 川田 稔
- 婚姻の民俗 東アジアの視点から — 江守五夫
- アニミズムの世界 — 村武精一
- 海のモンゴロイド ポリネシア人の祖先をもとめて — 片山一道

世界史

- 秦の始皇帝 伝説と史実のはざま — 鶴間和幸
- 渤海《ほっかい》国興亡史 — 濱田耕策
- 黄金の島 ジパング伝説 — 宮崎正勝
- 琉球と中国 忘れられた冊封使 — 原田禹雄
- アジアのなかの琉球王国 — 高良倉吉
- 王宮炎上 アレクサンドロス大王とペルセポリス — 森谷公俊
- 魔女裁判 魔術と民衆のドイツ史 — 牟田和男

歴史文化ライブラリー

フランスの中世社会 王と貴族たちの軌跡――渡辺節夫
古代インド文明の謎――堀 晄
インド史への招待――中村平治
スカルノ インドネシア「建国の父」と日本――後藤乾一・山﨑 功
ヒトラーのニュルンベルク 第三帝国の光と闇――芝 健介
人権の思想史――浜林正夫
グローバル時代の世界史の読み方――宮崎正勝

考古学

農耕の起源を探る イネの来た道――宮本一夫
縄文の実像を求めて――今村啓爾
O脚だったかもしれない縄文人 人骨は語る――谷畑美帆
三角縁《さんかくぶち》神獣鏡《しんじゅうきょう》の時代――岡村秀典
邪馬台国の考古学――石野博信
吉野ケ里遺跡 保存と活用への道――納富敏雄
交流する弥生人 金印国家群の時代の生活誌――高倉洋彰
銭の考古学――鈴木公雄
太平洋戦争と考古学――坂詰秀一

古代史

邪馬台国 魏使が歩いた道――丸山雍成
邪馬台国の滅亡 大和王権の征服戦争――若井敏明
日本語の誕生 古代の文字と表記――沖森卓也
古事記の歴史意識――矢嶋 泉
古事記のひみつ 歴史書の成立――三浦佑之
〈聖徳太子〉の誕生――大山誠一
聖徳太子と飛鳥仏教――曾根正人
倭国と渡来人 交錯する「内」と「外」――田中史生
大和の豪族と渡来人 葛城・蘇我氏と大伴・物部氏――加藤謙吉
飛鳥の朝廷と王統譜――篠川 賢
飛鳥の宮と藤原京 よみがえる古代王宮――林部 均
飛鳥の文明開化――大橋一章
古代出雲――前田晴人
エミシ・エゾからアイヌへ――児島恭子
古代の蝦夷《えみし》と城柵《じょうさく》――熊谷公男
悲運の遣唐僧 円載の数奇な生涯――佐伯有清
遣唐使の見た中国――古瀬奈津子
白村江の真実 新羅王・金春秋の策略――中村修也
古代の皇位継承 天武系皇統は実在したか――遠山美都男
持統女帝と皇位継承――倉本一宏

歴史文化ライブラリー

壬申の乱を読み解く——早川万年
骨が語る古代の家族 親族と社会——田中良之
家族の古代史 恋愛・結婚・子育て——梅村恵子
万葉集と古代史——直木孝次郎
平城京に暮らす 天平びとの泣き笑い——馬場 基
古代の都と神々 怪異を吸いとる神社——榎村寛之
平安朝 女性のライフサイクル——服藤早苗
平安京のニオイ——安田政彦
天台仏教と平安朝文人——後藤昭雄
藤原摂関家の誕生 平安時代史の扉——米田雄介
安倍晴明 陰陽師たちの平安時代——繁田信一
源氏物語の風景 王朝時代の都の暮らし——朧谷 寿
古代の神社と祭り——三宅和朗

中世史

鎌倉源氏三代記 一門・重臣と源家将軍——永井 晋
吾妻鏡の謎——奥富敬之
鎌倉北条氏の興亡——奥富敬之
源 義経——元木泰雄
弓矢と刀剣 中世合戦の実像——近藤好和
騎兵と歩兵の中世史——近藤好和
声と顔の中世史 戦さと訴訟の場景より——蔵持重裕
運 慶 その人と芸術——副島弘道
北条政子 尼将軍の時代——野村育世
乳母の力 歴史を支えた女たち——田端泰子
曽我物語の史実と虚構——坂井孝一
親 鸞——平松令三
日 蓮——中尾 堯
捨聖《すてひじり》一遍——今井雅晴
蒙古《もうこ》襲来 対外戦争の社会史——海津一朗
神風の武士像 蒙古合戦の真実——関 幸彦
地獄を二度も見た天皇 光厳院《こうごんいん》——飯倉晴武
足利尊氏と直義 京の夢、鎌倉の夢——峰岸純夫
東国の南北朝動乱 北畠親房と国人——伊藤喜良
中世の巨大地震——矢田俊文
大飢饉、室町社会を襲う！——清水克行
平泉中尊寺 金色堂と経の世界——佐々木邦世
中世の奈良 都市民と寺院の支配——安田次郎
日本の中世寺院 忘れられた自由都市——伊藤正敏

歴史文化ライブラリー

各冊一七八五円～一九九五円（各5％の税込）

▽残部僅少の書目も掲載してあります。品切の節はご容赦下さい。